U0004186

曼陀羅九宮格思考法

胡雅茹　著

晨星出版

目次

1 曼陀羅思考法，協助拓展智慧、展開行動

2 學習之前，常見的問題

3 「曼陀羅」是什麼？

8 人生管理曼陀羅：從自由聯想到兩種層次的曼陀羅

9 生活管理曼陀羅：多層次思考的曼陀羅

10 企業管理與商品設計

11 曼陀羅筆記術

全面訓練腦力的實用方法

　　這是第二次幫胡老師寫序，距上回胡老師出版新書才短短幾個月的時間，胡老師的新作《曼陀羅九宮格思考法》就已經送到我手中了，胡老師教導學生有效地學習，胡老師自己也非常有效地創作出版。

　　為了很快了解胡老師這本《曼陀羅九宮格思考法》的內容，我試著用書中介紹的螺旋順時針排法，將本書的重點整理成下頁的圖，發現曼陀羅思考法真的很好用，讓我在短時間內就能掌握到書中介紹的重要內容，也能在短期內學習到書中的精髓，希望這張圖也能協助所有讀者以見林再見樹的方式進入曼陀羅九宮格的殿堂。

　　曼陀羅是一種原生於印度的花，也是佛教對天圓地方宇宙模型的呈現方式，而曼陀羅思考法即是運用類似曼陀羅的圖形做圖像思考啟發的工具，九宮格是曼陀羅最常呈現的工具，胡老師特別要澄清曼陀羅不只是九宮格，它可以各式各樣的圖樣呈現，而且可以用在許多不同的領域。

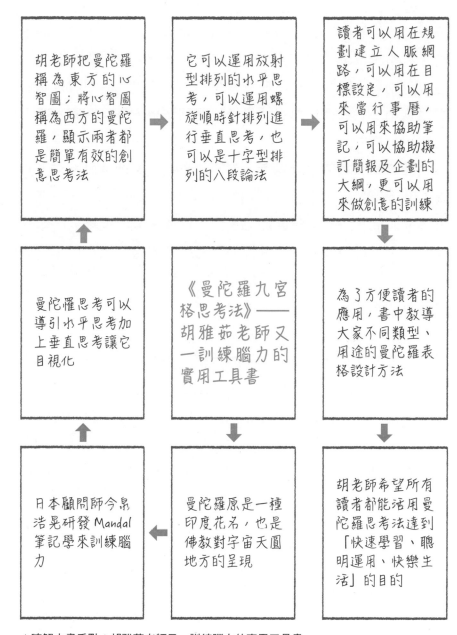

胡老師把曼陀羅稱為東方的心智圖；將心智圖稱為西方的曼陀羅，顯示兩者都是簡單有效的創意思考法

它可以運用放射型排列的水平思考，可以運用螺旋順時針排列進行垂直思考，也可以是十字型排列的八段論法

讀者可以用在規劃建立人脈網路，可以用在目標設定，可以用來當行事曆，可以用來協助筆記，可以協助擬訂簡報及企劃的大綱，更可以用來做創意的訓練

曼陀羅思考可以導引水平思考加上垂直思考讓它目視化

《曼陀羅九宮格思考法》——胡雅茹老師又一訓練腦力的實用工具書

為了方便讀者的應用，書中教導大家不同類型、用途的曼陀羅表格設計方法

日本顧問師今泉浩晃研發Mandal筆記學來訓練腦力

曼陀羅原是一種印度花名，也是佛教對宇宙天圓地方的呈現

胡老師希望所有讀者都能活用曼陀羅思考法達到「快速學習、聰明運用、快樂生活」的目的

▲瞭解本書重點：胡雅茹老師又一訓練腦力的實用工具書

這本書胡老師不但講心法也介紹工法，先簡介基本觀念，再說明運用的手法，讓讀者不只能「知道」，還要能活用曼陀羅九宮格思考法，胡老師將近十年來自己運用曼陀羅思考法的心得及學員回饋的意見整理成本書的內容，可想而知肯定是一本很實用的工具書。胡老師將曼陀羅稱為東方的心智圖；將心智圖稱為西方的曼陀羅，就可以知道曼陀羅和心智圖一樣，可以訓練水平思考與垂直思考，都是簡單有效的創意思考法，和TRIZ創新發明問題解決理論裡的九宮格問題分析思考法一樣，可以從時間和空間同時展開思考，可以運用放射型排列的水平思考，可以運用螺旋順時針排列進行垂直思考，也可以是十字型排列的八段論法，林林總總的用法讓它都能以結構化的方式，幫助使用者顯示思考的邏輯。

　　本書的重點擺在運用實例的介紹，讀者可以用在規劃建立人脈網路，可以用在目標設定，可以用來當行事曆，可以用來協助筆記，可以協助擬訂簡報及企劃的大綱，更可以用來做創意的訓練，這些書中都有實例可供參考。胡老師希望所有讀者都能活用本書達到「快速學習、聰明運用、快樂生活」的目的。

　　　　　　——前聯華電子副總經理、中華系統性創新學會理事
　　　　　　吳英志

推薦序
發揮潛能的大腦實用軟體

在懵懂無知的年華，老師們教我們讀書，要求必須眼到、耳到、口到、手到、心到，能做到五到，學習才能事半功倍，所以我就慢慢養成讀書時，拿筆畫線作重點整理。除此之外不懂什麼更好的方法。

教書時，常聽到學生會抱怨：「書都讀了卻很快就忘記了。」這是因為他沒有用正確的讀書方法，只是將課文強記下來。所以我在教學時，就將課文內容的重點，以最簡潔的文字，整理成各式各樣的圖表，如：科判表、關係圖、比較圖。希望幫助學生能在最短的時間內做好觀念統整，一目了然，掌握重點。更重要的是藉此教導學生要如何自己做功課，如何去蕪存菁，並且印象深刻，歷久難忘。所以我覺得不管讀書或做事都應該運用一些合適的方法，幫助自己更具組織力、思考力、理解力與創造力。

學校教育與生活教育給大腦輸入很多的資料，我們要如何將這些資料轉化成可用的能力？知識不等於能力。各種能力的養成都要不斷的進行腦力激盪，大腦愈用就愈靈活愈聰明。如同身體肌肉，用進廢退，年紀愈大愈有這種感覺。

在因緣際會下，我認識了雅茹老師，也聽過他精采的演講。他的思路很清晰，邏輯推理很周全，隨時能帶領聽講者的思緒，去做廣泛多元的思考。凡聽過課的人，都會折服於他的

創意思維。後來我發現他所推廣的心智圖與我曾運用的教學方法不謀而合，甚至比我用得更廣。現在他又出書介紹曼陀羅九宮格思考法，很榮幸的，我能先睹為快。從書中我了解到：曼陀羅九宮格思考法是兼容並蓄古今東西方的各種腦力訓練觀念與思考方法，包括水平思考、垂直思考、Mind Map心智圖法、文字邏輯力、創新發明解決理論、圖像化思考、圖解力、筆記術、舉一反三能力、溝通原理，是一套發揮大腦潛能的大腦應用軟體。

從雅茹老師的著作中，可以發現曼陀羅九宮格思考法有四大優點：整理思緒、深入思考、創意啟發、溝通互動。

整理思緒：自我審視、自我了解、行程安排、工作進度、人脈網路、筆記技巧
深入思考：企業管理、經營管理、生涯規劃、目標設定、企業診斷
創意啟發：行銷規劃、活動企劃、商品開發
溝通互動：協調交流、問題解決、聚焦與凝聚共識

大腦的思考模式，說簡單也很簡單，就像電腦或網頁，輸出＝輸入，以前不管表意識或潛意識吸收到什麼，現在顯露的行為表現就是什麼。說複雜也很複雜，如同大廚，給一樣的原料，煮一樣的湯，經由不同的大廚加加減減原料或是調整下鍋順序後，就得到不同風味的菜餚。所以曼陀羅九宮格思考法，可以比喻為一種做菜流程，每種菜餚有固定的下鍋順序，才會

煮得熟又不至於熟透，也不會手忙腳亂；也是一種上菜的順序，開胃菜→湯→副菜→沙拉→主菜→甜品→飲料。依照曼陀羅九宮格思考法建議的順序去思考，才能獲得這四大優點，同時避免思考不周詳、偏離主題、方向錯誤等思考盲點。

現代人最大的資產是創造力，一旦缺乏創造力，常使人陷入生活、工作或學習上的困境；因為腦筋一直停留在過去原有的思考模式，很難突破學習的瓶頸。所以想要成功，就要學習一些激盪腦力的思考方法。曼陀羅九宮格思考法就是一種很好的方法。當然，任何一種思考方法都要經由不斷反覆地演練而至純熟，方能運用自如。只要熟練運用，成功便屬於這種深具行動力的人。

——台北市中山女高退休老師　林麗菊

曼陀羅九宮格是人生的解決方案

很高興Monica又出新書了！讀者大概都會好奇地想：同樣都是思考術，曼陀羅九宮格思考法跟心智圖究竟有何不同？看事情觀點向來犀利的Monica開宗明義給了一個很棒的答案，「曼陀羅是東方的心智圖」。現在到戲院流行看3D電影，原因不外乎3D帶來更多感官刺激，娛樂的效果更優化。同樣地，曼陀羅九宮格思考法與心智圖一樣，都是訓練大腦3D思考的能力，透過水平思考與垂直思考交織出立體的多層次知識網絡，讓學習力Up Up。

曼陀羅思考法與心智圖的關連並非「換句話說」。**如果說心智圖像是整理術**，可以幫你整理大腦中原本雜亂無章的知識櫃，讓資訊像衣服一樣分門別類擺放，**那麼透過曼陀羅九宮格思考法練習，你可以學會「穿搭術」**，將看似不相干的配件做完美混搭，成就你個人的獨特創意。

心智圖可以不斷延伸、拓展，曼陀羅思考法的九宮格，乍看下為框架束縛，但當你開始跟著書中做放射性的跳tone練習，或是の字型的邏輯練習，透過「眼、耳、鼻、舌、身、意、天、地」八種思考角度的切換，你會訝異九宮格的框架竟然是無限創意的堅實地基。曼陀羅思考法運用範圍廣泛，最讓我驚艷的是書中提到的「虛實轉換」思考練習，我們常有許多人生夢想，卻不知道如何付諸實行。有了曼陀羅九宮格思考法，你可以將虛、遠的夢想，轉化成實際、具體的目標。學會曼陀羅

九宮格思考法，你可以輕鬆盤點人生資產，替夢想畫出一張清楚的路線圖。說曼陀羅九宮格是人生的解決方案（solution），一點都不為過。

聽起來很玄嗎？一點也不。讓思考變「犀利」，你不能錯過這本工具書！

——《今天的人設是專業上班族》作者　譚宥宜

曼陀羅思考法，是亦圖亦文的思考法

曼陀羅思考法：

1.是一種亦是文字、亦是圖像的思考法，運用範圍廣泛，可以建構圖像思考的能力。

2.可以堅持固有的形式，也可以完全擺脫刻版形式。

心法是講觀念。工法是講方法。一本書也不過是幾百頁而已，如果我們希望只看一本書就能得到所有問題的解答，這樣就太奢求了。每個人適用的解決方法不一樣，每一本書都是拋磚引玉，藉此讓我們發現自己的不足，建立正確的心法後，接著就要靠我們自己去對症找各種方法、工法試試了。

本書《曼陀羅九宮格思考法》50%心法，50%講工法，是一本工具書、大腦的操作手冊、也是一種大腦的應用軟體、APP，結合正確大腦運用與訓練的觀念，讓大家透過使用曼陀羅思考法來加強腦力。

購買這本書回家的人，可從第一頁閱讀到最後一頁，也可用挑讀的方式來閱讀：先閱讀你現在需要的運用部分，照書中的建議作法運用在生活與工作中。至於現在暫時用不到的篇章部分，等日後有需要、有空閒時再翻閱。

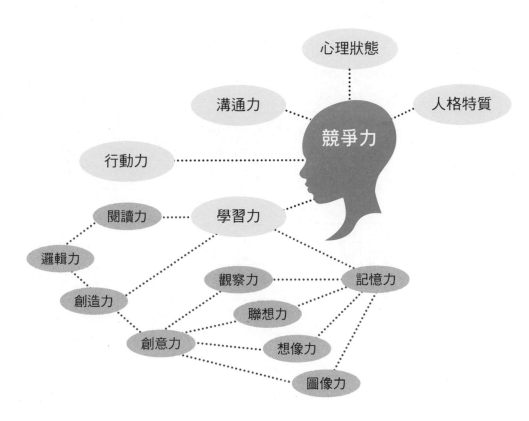

▲曼陀羅思考法幫你：加強腦力！提升個人競爭力！

1

曼陀羅思考法，
協助拓展智慧、展開行動

讓你「知道→做到→跨界運用」

這幾年社會風氣傾向於強調高學歷是基本條件，許多企業招聘的最低學歷訂為碩士，但十多年來社會新聞中陸陸續續出現一些高學歷、高聰明，但是低智慧的事情。能深入思考的人，外在的展現就是一種「通達事理」與「洞見」的智慧。

美國華爾街的傳奇大師霍華・馬克斯提出要有卓越的投資成果，就要進行第二層思考。第一層思考是反射性的思考，第二層思考就是「深入思考」。深入思考很費腦力，所以多數人不願意深入思考，就算願意也不見得能立即做到。

聰明、智慧，是兩種不一樣的學習目標，曼陀羅思考法，都可以滿足這兩種目標需求。想了解這兩者有何不同的人，可見12-4第217 ～ 220頁。

這幾年來在課堂中，我常用下頁這張圖來表示「智慧」養成過程。

過去的學校測驗都是在講「資料」、「資訊」，大多數的考試也只是在測試你是否「知道」。過去幾年很多人高喊知識管理，但僅僅只是管理資料、資訊。管理「資訊」，只是延續學校教育讓學生寫作業與背誦的手法，缺乏長期思考與思辯訓練，停留在「知道」的領域。

「知識」是來自於「做到」、「使用」，也就是執行後的經驗，這才是真正的知識。

但是能「做到」不代表「做得好」，做得好就表示已經不需要依樣畫葫蘆地做，而能獨立去「運用」。成為上班族後，公司老闆其實不在意我們怎樣學習，而是要求我們運用知識。

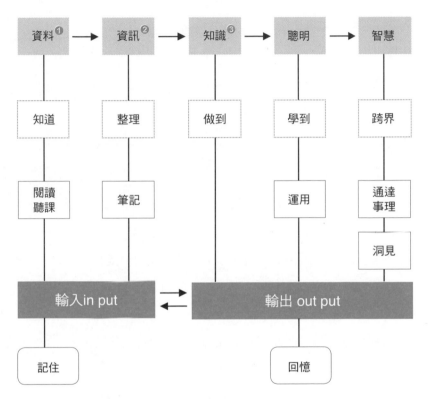

▲曼陀羅思考法幫助轉識成智、提升輸入輸出成果。

---

❶ 資料 data：在社會科學中，指研究者對社會現象中某些事實所做的記錄。在計算機中一切數值、記號和事實的概稱。通常指未加以處理者。

❷ 資訊 information：泛指一般資料和訊息，在計算機上指對使用者有用之資料和訊息的總稱，以別於未經處理過的資料。

❸ 知識 knowledge：學問、所知道的事理。

我們通常會稱讚考試成績好的人聰明，而不是有智慧。並不是用背得快、分數高、學習時間短來論斷學習能力的好壞，是以「學習過程的正確性」來評估好壞的。

所以「知道」不能讓你更好，只有「做到」才會讓你更好。學習應該是提升思考自己的能力，思考能力提升了，自然學什麼都能學得好。有智慧的人，自然也就是一個聰明人。

1-2
使創意從「小c→大C」

創意，是發想出點子（idea）。要讓自己有創意，就要不斷、不斷、不斷地「試圖發掘別人從未做過的事」，創造力比創意更重要！我們要的是創造力，創造力是創意加上可用方法，一定要「做出點什麼」才行。光有點子，卻做不出來，只會淪於一種自我感覺良好而已。

我喜歡李奧貝納集團執行長暨大中華區總裁黃麗燕說的這段話：『當你不是CEO時，你最主要的責任是「讓它發生」；若 你是CEO，你要判斷「要不要讓它發生」。』

創意creativity，分成大C跟小c。畢卡索說：「偉大的藝術家用偷的，好的藝術家用抄的。」假設別人用黃金來做，我們就降低製造成本而改用銀來做，但做出來的東西還跟別人只有材質上的差別，僅是一種改良，是小c，這是「抄」。

智慧的展現之一是通達事理，是大C，是跨領域的思考。

Sony最早開始量產隨身聽，組合了耳機與音響，改變了聽音樂的方式。賈伯斯推出ipod，又改變了隨身聽的運作方式與音樂儲存方式，這就是畢卡索說的「偷」。

企業內訓的創意訓練課程中，我舉了各種不同於該公司專業領域的大C例子，在課程結束後，偶爾還是會有人在問答時間直接問我：「你舉了很多的例子，也講了很多手法，請問我的工作該怎麼發揮創意？」

你聽出這些人的問題核心了嗎？這些人一直把自己的思考層次放在畢卡索說的「抄」，難怪無法發揮創意。

要發揮大C，就必須要有「不斷試圖發掘別人未做過的事」的心態。在此，我用過去實例來讓大家理解，什麼樣的心態讓我們無法進入大C。

從事教育訓練行業二十多年，曼陀羅思考法是我當初接觸腦力訓練時，所學習到的第一個方法。當時台灣開始重視來自西方的心智圖，心智圖也比曼陀羅思考法容易上手，於是心智圖持續好多年都是我在腦力訓練課程中所重視的一項工具。❹

一開始我擔任全腦學習師資班的監考老師時，多是擔任心智圖教學的關主，我最喜歡考一個問題：「曼陀羅思考法與心智圖有何不同？」

歷屆師資班的學生，不管是碩士還是博士，不管是高階主管還是社會新鮮人，不管是擅長理工還是擅長文科，都在我這一題上吃敗仗。於是，比較有小聰明的師資班學生開始會私下

---

❹ 曼陀羅思考法的英文是 mandal，心智圖的英文是 mind map。

來問我答案是什麼，我都回答：「曼陀羅，是東方的心智圖。心智圖，是西方的曼陀羅。」於是這個標準答案就由這些學長姐教給學弟妹。

下次通關考試時，就出現了師資班學生依樣畫葫蘆地回答我，這時我會再追問他：「曼陀羅與心智圖的相同點是什麼？相異點是什麼？」

師資培訓班的學生又全數吃了一場敗仗！過不了關的師資班學生私下稱我是一個「殺手級」的監考老師。這也不能怪我啊，誰叫這些學生只是抄襲，缺乏深入思考。投機取巧、貪懶求便的心態，正是讓人無法從小c→大C的核心要素。

1-3
協助奧運選手、職業運動員強化心理、開展運動生涯

大谷翔平於2016年投出日職最快球速紀錄的165km/h快速球，至截稿日為止，仍無日籍投手破他的紀錄。他在2018年球季獲得美國聯盟年度新人王，這是因為他在高一時，已運用了81宮格（9×9宮格）的曼陀羅思考法來進行目標設定。

除了日本，台灣體育界也運用曼陀羅思考法來為運動員強化心理、開展運動生涯，拿下2020年東京奧運柔道銀牌的排灣族人楊勇緯，過去就曾製作過以「奧運柔道金牌」為中心主題的81宮格曼陀羅。

　　透過「自由聯想」與「兩種層次的思考」，不只是運動員，任何人都可以依據自身條件，一一剖析需求與設定目標。（詳細作法請見本書8-1節。）

　　以大谷翔平為例：高一時，以「達成八球團的第一指名」為目標，進行目標設定。

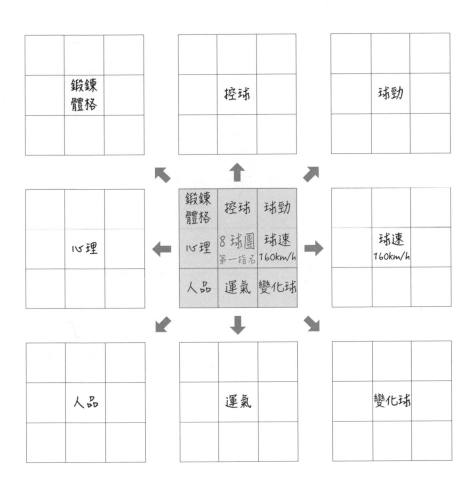

以楊勇緯為例：以「奧運金牌」為目標設定的中心主題，思考從現在起，該做什麼事情與什麼樣的鍛鍊。

	自信心	

	技術	

	想法	

	運氣	

自信心	技術	想法
運氣	奧運 柔道金牌	團隊 信任
人際 關係	心理	力量 體格

	團隊 信任	

	人際 關係	

	心理	

	力量 體格	

2

學習之前，常見的問題

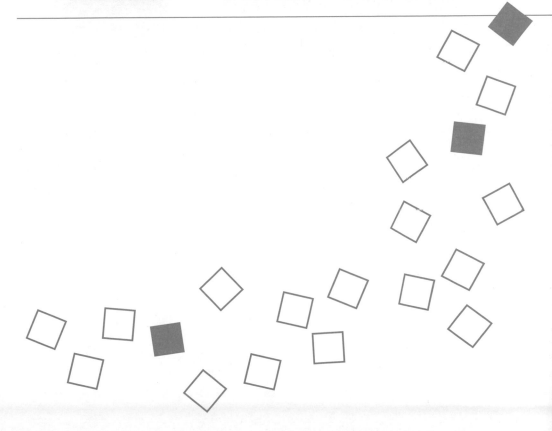

2-1

能否幫助我完全發揮大腦功能？

首先舉例說明一下，Word軟體在每套Microsoft Office 365應用程式中都有，卻不是每一個人都能將Word軟體的功能發揮得淋漓盡致，原因在於使用者是否經常使用？用心使用？正確使用？

曼陀羅思考法好比電腦應用軟體，使用時需要把腦中的原有知識輸入到應用軟體中，這樣應用軟體才能發揮用處。透過曼陀羅思考法的各種呈現樣式，我們可把腦中的資料重新整理並規劃成容易使用的輸出結果。

《曼陀羅九宮格思考法》是一本工具書，其實更嚴格來說應該是一本大腦的使用說明書、操作手冊。凡是有人告訴你只要看完一本書或是上完課程後，「立刻」就能戰鬥力滿載，他一定是在騙人。思考是一項技能，依據本書的範例，多加思考、多加使用於工作與生活中，自然熟能生巧，完全發揮大腦功能。

2-2

可以運用在哪裡？

我期許各位不僅是被動的使用者，還可以透過經常使用曼陀羅思考法，更懂得如何為自己量身訂做符合自己需求的曼陀羅。

曼陀羅思考法，可以解決的問題如下（九宮格圖例請見2-5第39頁）：

整理思緒：自我審視、自我了解、行程安排、工作進度、人脈網路、筆記技巧

深入思考：企業管理、經營管理、生涯規劃、目標設定、企業診斷

創意啟發：行銷規劃、活動企劃、商品開發

溝通互動：協調交流、問題解決、聚焦與凝聚共識

2-3
為何有人也稱為九宮格思考法？

　　構圖中最基礎的方法是九宮格法（攝影技術上稱為黃金分割法），就是把畫面平均分成9塊。這種構圖格式較為符合人們的視覺習慣，使主體自然成為視覺中心，具有突出主體、並使畫面趨向均衡的特點。

　　9宮格的曼陀羅是最常見的形式，是日本人今泉浩晃所推廣的Mandal-Art常用的形式。因為推廣太成功了，使得大家反而不知道曼陀羅並不是只有9宮格而已。

　　曼陀羅在藏傳佛教中含有「天圓地方」的概念，本身可以展現為圓形排列或是方格形式，自然也可以是不規則狀的表現方式。

(1)9宮格的格式

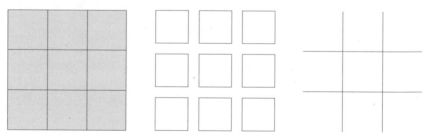

▲9宮格可以用這三種樣貌呈現。

(2)81宮格的格式

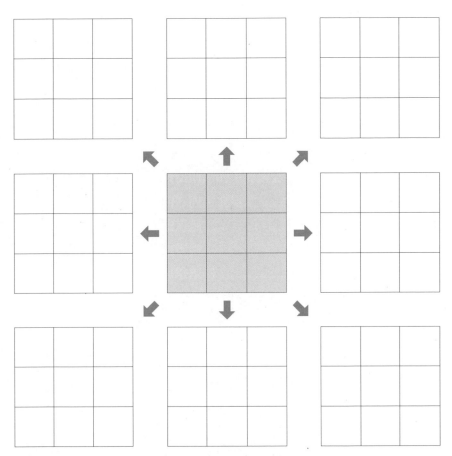

▲橫向9格×縱向9格。從9宮格往八方方向去擴張一層。

(3)792宮格的格式

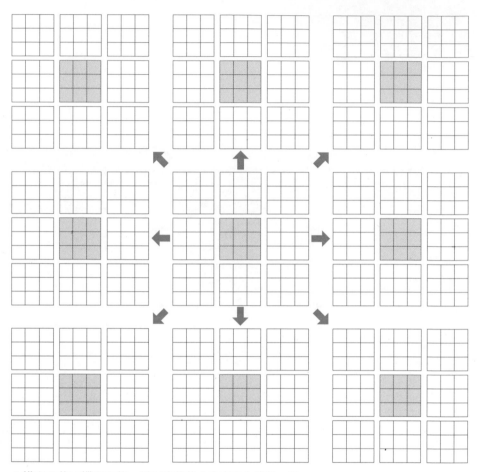

▲橫向27格×縱向27格，從81宮格往八方方向去擴張一層。

(4)進行四段論法時，採用十字型的格式

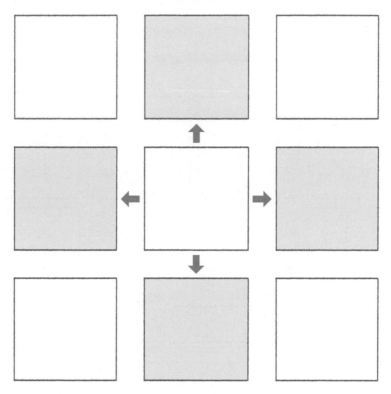

▲只填寫上下左右4個格子，角落的格子都留白。

(5)12宮格的格式

　　或許你會疑惑，12宮格？？ 12這個數字是具有實務上意義的，因為古代人開始發展數學的過程中，分類是一項重要需求，12可以分別被1、2、3、4、6整除，因此我們最早發展出來的進位方式是12進位而不是10進位，例如1打12個、1年12個月、1年24節氣、1天24小時。

中國古代跟時間相關的知識，都是從觀察地球移動所造成的天象變化而來，天象周而復始、循環不斷的變化，也就是曼陀羅思考中的宇宙觀——天圓地方。因此，曼陀羅思考法可以是周而復始、放射狀、圓形的、方形的表現方式。

▲橫向4個格子，縱向4個格子。

2-4
格子有規定填寫的順序嗎？

曼陀羅思考法，有填寫的順序喔！先填寫正中央的格子，
接著再填寫外圈的格子。填寫外圈時，有以下這幾種順序：

(1)放射狀但無順序

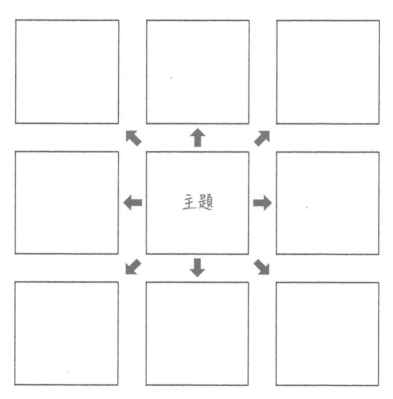

▲從哪個格子開始填寫都可以，填滿外圈8個格子。

(2)順時針順序

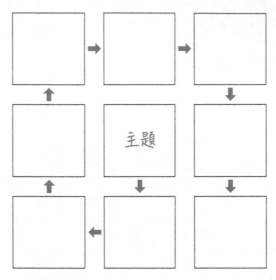

▲▼順時針順序：像日文字的的書寫順序，正中央
主題下方的格子是起始點，右下角的格子是最
後一格。

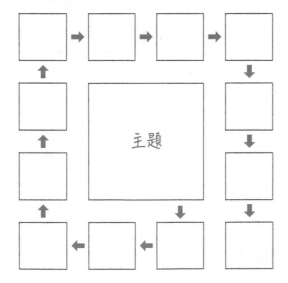

(3)四段論法：十字型放射狀，但無填寫順序

先寫完上下左右的格子，沒有要求要先寫哪一個格子，只要填滿就好。

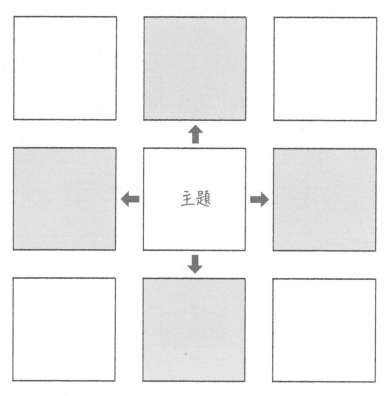

▲四段論法。

(4)八段論法：從十字到角落的順序

　　八段論法是從四段論法的內容，再進行下一層次的思考，填寫在順時針方向的下一個格子中。四段論法中的四個答案，是第一層思考。八段論法中的四個答案，是第二層思考。

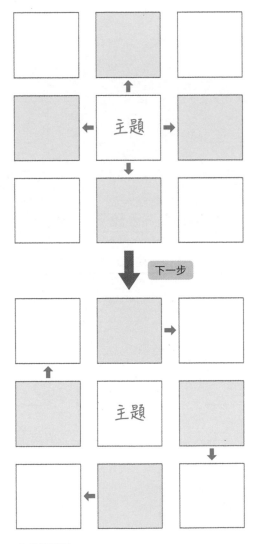

▲八段論法。

2-5
一定要填完所有的格子嗎？

不一定要填完所有的格子！要依據我們想要解決的項目或問題，或是手中拿到的資料內容，來決定是否非得填完所有的格子不可，例如今泉浩晃提出的四段論法，就只填寫了上下左右的4個格子。有時當下不能將8個格子都填完，要經過好幾次的反覆思考，或是主題本身範疇較為狹隘，也是無法填完的。

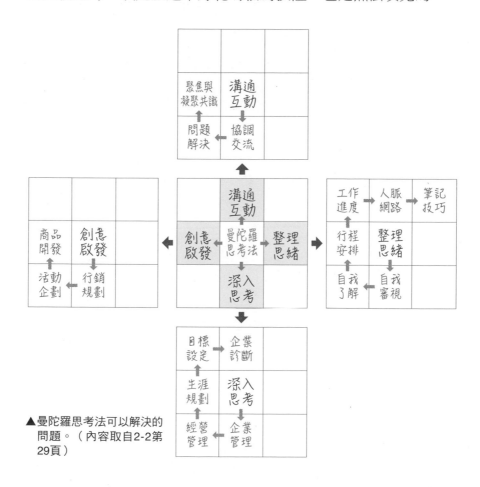

▲曼陀羅思考法可以解決的問題。（內容取自2-2第29頁）

2-6

要用多大張的紙來寫？

　　我個人比較喜歡用A4或B5尺寸，因為這種尺寸的白紙最容易取得。❶

　　如果我是以Word或是Excel來繪製曼陀羅，最終也是以B5、A4、B4、A3尺寸的紙張印出。❷

　　今泉浩晃所開發的曼陀羅APP，也是一個方便的工具。

---

❶ 用 A4 空白紙來書寫，不會受到傳統筆記橫線的干擾，容易讓思考自由發想，也被日本人稱之為「A4 思考法」。

❷ A3= 兩張 A4 尺寸，B4= 兩張 B5 尺寸。

3

「曼陀羅」是什麼？

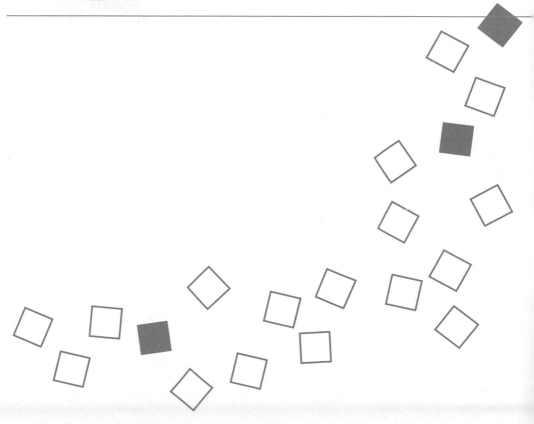

3-1

「曼陀羅」的名稱由來

Manda是本質、真髓、了悟、已成就的事物。

La是得、所有、成就所有。

Mandala是由manda＋la組合而來，意思就是「獲得本質」或「具有本質之物」。**曼陀羅**是西元古梵文Manda la的音譯，在日文的漢字寫法是**曼荼羅**，日本顧問大師今泉浩晃，再將此漢字音譯回英文為Mandala。

3-2

「藏傳佛教的曼陀羅」是藝術與世界觀

約一千五百年前的藏傳佛教（密宗），將曼陀羅Manda la用於冥想與儀式中，是西藏佛教中的一種藝術。

佛教曼陀羅的表現形式就是一幅圖像，圓形沒有開始也沒有結束，象徵宇宙是超越時間的。曼陀羅是佛教真理的一種象徵，用來稱呼人類「現實世界」與「聖方諸佛」融合為一體的場所，也用來稱呼「天體大宇宙」與人類「體內微宇宙」相互匯集的藝術極品，多數呈現圓形的世界觀。

目前全世界的曼陀羅圖譜，一共有四、五十種，多數在印度、尼泊爾、西藏廟宇的牆壁上發現，最富盛名的有二種：胎藏界曼陀羅及金剛界曼陀羅，如今均已完整保留在日本長谷寺中，列為國寶級古物。

▲「曼陀羅（沙壇）圖」：表現出佛教宇宙觀，如同中國文化的「天圓地方」概念，
也呈現方圓兩種形式。

　　胎藏界曼陀羅，起源於西元7世紀前半段之印度，由《大日
經》衍生出來，代表的是神佛的世界，稱之為「理」，核心為
大日如來，主要是彰顯智慧的本質，表示真理之神不斷地教導
人類。胎藏界曼陀羅是由中央向外擴張，形成上下四重天、左
右三重天，故稱四重曼陀羅或三重曼陀羅。

西

四印會	一印會	理趣會
供養會	成身會	降三世會
微細會	三昧耶會	降三世三昧耶會

第一重　　南　　　　　　　北

東

四印會

佛	佛	佛
佛	佛	佛
佛	佛	佛

一印會

佛	佛	佛
佛	佛	佛
佛	佛	佛

理趣會

佛	佛	佛
佛	佛	佛
佛	佛	佛

供養會

佛	佛	佛
佛	佛	佛
佛	佛	佛

成身會

佛	佛	佛
佛	佛	佛
佛	佛	佛

降三世會

佛	佛	佛
佛	佛	佛
佛	佛	佛

微細會

佛	佛	佛
佛	佛	佛
佛	佛	佛

三昧耶會

佛	佛	佛
佛	佛	佛
佛	佛	佛

降三世三昧耶會

佛	佛	佛
佛	佛	佛
佛	佛	佛

▲金剛界九會曼陀羅：實際上能表現出七重以上，例如「成身會」又可以細分成好幾重的九宮格，其他的也是如此。這裡僅舉例列出兩個層次（二重）八十一個宮格，實際圖形請見《唐卡中的曼陀羅》，吉布‧楊典 著，達觀出版。。

　　金剛界曼陀羅（金剛九會曼陀羅），起源於西元7世紀後半段之印度，由《金剛經》衍生出來，代表的是人間的世界，稱之為「智」，核心也是大日如來，主要是昭示眾人之開悟，表示人類為了追求真理，持續不斷地努力，由外向內凝聚、聚焦思考的趨勢十分明顯。

　　在曼陀羅中，白色大日如來代表宇宙絕對的真理，黃色寶生佛代表真理的普遍性，紅色無量光佛代表真理的慈悲性，綠色不空成就佛代表真理的行動性。菩薩是啟發人類智慧的化身，並非要人類一味地頂禮膜拜。整體上設計是中央有一大佛端坐，四周環繞眾多佛像以有次序的、幾何狀方式排列，表達「世間萬物皆有佛性，所以事物都有其存在的道理」。

　　不透過文字而是透過視覺化的圖像來闡述世界真理，協助進行觀想，觀想曼陀羅圖時**可由中心向四面八方擴散，亦可由外側向內以挖掘事物本質的深度及寬度。**

　　密宗透過曼陀羅觀想的過程，加入時間概念形成四次元世界，再加入內心世界就形成五次元世界。曼陀羅將人的五個意識，包括感覺、思考、自我、潛在、無垢組合成金剛，**故稱曼陀羅是「轉識成智」──把知識變成智慧的一種工具。**

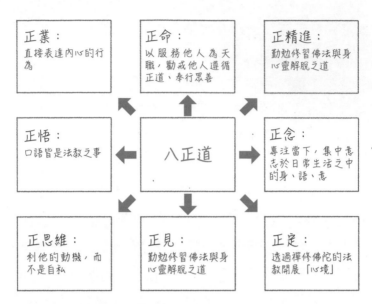

▲佛教中透過八正道達成悟道的經驗

正業：
直接表達內心的行為

正命：
以服務他人為天職，勸戒他人遵循正道、奉行眾善

正精進：
勤勉修習佛法與身心靈解脫之道

正悟：
口語皆是法教之事

八正道

正念：
專注當下，集中意志於日常生活之中的身、語、意

正思維：
利他的動機，而不是自私

正見：
勤勉修習佛法與身心靈解脫之道

正定：
透過禪修佛陀的法教開展「心境」

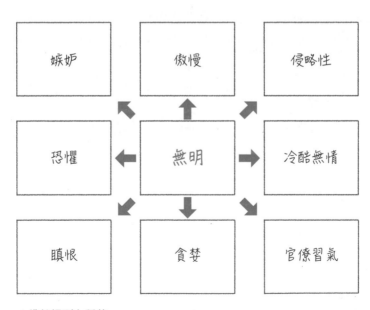

▲佛教提到九種苦

嫉妒

傲慢

侵略性

恐懼

無明

冷酷無情

瞋恨

貪婪

官僚習氣

3-3

「曼陀羅」在日本與西方的各種演變

(1)心靈治療、藝術治療

佛教密宗傳入日本後，曼陀羅思想也開始影響日本人的生活，觀想曼陀羅成為一種探求身心狀態與內心世界的工具。精神科醫生把曼陀羅繪畫用於精神病患與一般民眾的心理治療上，日本的正木晃教授以曼陀羅繪畫的方式，研發出一系列幾何式的曼陀羅圖形，運用繪畫的結果來進行藝術治療。現在西方也運用曼陀羅彩繪方式來進行心靈治療。

(2)思考工具

日本設計顧問今泉浩晃，提出Mandal-Art不只是一種啟動人類思考的工具，也是一種大腦思維，運用曼陀羅無限延伸的思考特性和中國的九宮格形式，研發出特有的「Mandal-Art曼陀羅筆記學」、四段論法的曼陀羅和八段論法的曼陀羅，用以訓練我們的腦力。

本書《曼陀羅九宮格思考法》是一本工具書、大腦的應用軟體，不是佛教專書，故本書所講述的內容，為作者將曼陀羅思考法的心法運用在工作、學習、思考、企劃規劃、靜坐的經驗，重新發展出的一套運用工法，希望能藉由曼陀羅思考法啟發大家開拓自己的思考與心境，達成「快速學習、聰明運用、快樂生活」的目的。

4

用曼陀羅思考法來
啟動四種腦力

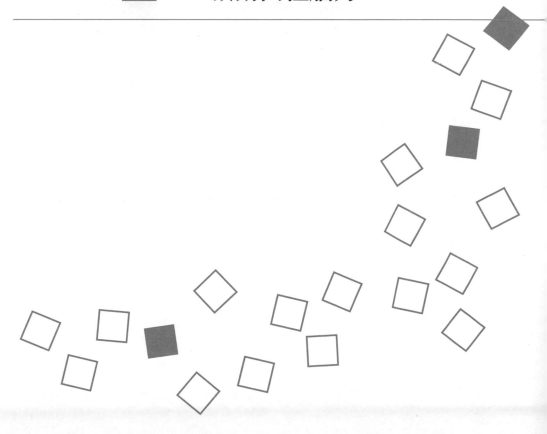

抽絲剝繭的邏輯力：垂直思考

垂直思考，就是希臘時期的哲學家亞里斯多德所提出的「邏輯思考」，需要去思考因果關係。

ex1 媽媽帶幼兒去野餐了。

必須有「媽媽」的存在，幼兒才能做到「野餐」這行為。在這個句子中，媽媽跟幼兒野餐有著絕對的因果關係。

ex2 看到幼兒在野餐。

我們不能肯定地說每次幼兒野餐一定是媽媽帶去的，所以在這個句子中，媽媽跟幼兒野餐並非絕對有因果關係。

能分辨清楚什麼是因果關係，什麼不一定是因果關係，正是邏輯力。可以用9宮格的格式，以順時針的方式來填寫，訓練自己一層層的抽絲剝繭下去。

例如：出現了挫折事件→誘發我們的負面想法→我們會不自覺地去想可能會產生的負面結果→要終止負面思考的方式，就是開始加入正面想法→聚焦在正面想法上，忽視負面想法→採取正面的行動→正面行動的第一步→正面行動的第二步→正面行動的第三步，實例請見下一頁。

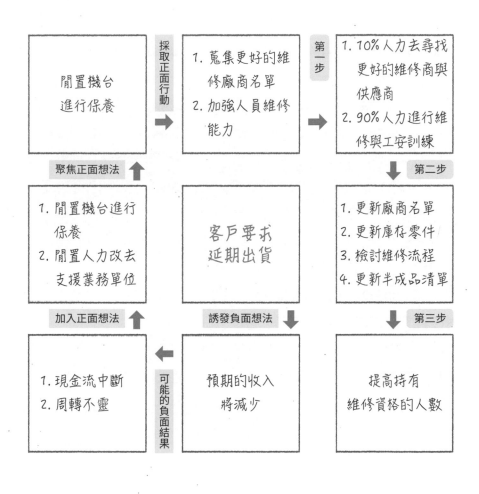

舉一反八的聯想力：水平思考

水平思考，是由義大利人愛德華·迪波諾所提出，為了跟邏輯思考區分而定名。

關於人類的思考方式，迪波諾將之分為兩階段：第一階段稱為知覺篩選（perceptual choice），在腦中將資訊分門別類，把感知到的事物互相結合，產生各種概念與想法；再進入第二階段，運用邏輯有效地處理，驗證想法的正確性與可能性。

一旦決定採取何種方式看事情，垂直思考就派上用場，但垂直思考不能決定我們看事情的方式。因此，水平思考不是垂直思考的替代品，而是互補品。

被日本喻為女性大前研一的勝間和代，所提出的七種商業思考力中，水平思考便是其中之一。

運用9宮格格式，看著中心主題，然後想出與該主題相關的8種答案，這就運用了水平思考。

舉個例子，若想要了解人類可以透過那些方式來進行學習，可把所想到的學習方式一一填寫在四周的格子中。將同一種感官的學習方式，寫在同一個格子中，一個格子就是一種類別。

之前2-5第39頁我們提到過了，有時不一定會將8個格子都填完。

Thomas Armstrong最終想出了15個方式，可分成7種類型，完成了舉一反七的水平思考。

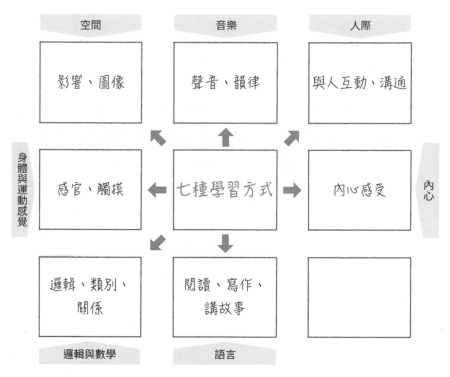

空間	音樂	人際
影響、圖像	聲音、韻律	與人互動、溝通

身體與運動感覺			內心
感官、觸摸	七種學習方式	內心感受	

邏輯與數學	語言	
邏輯、類別、關係	閱讀、寫作、講故事	

▲Thomas Armstrong提出的七種學習方式。

4-3

立體化的多層次網絡思考力

(1)從9宮格延伸為81宮格

上一頁4-2的範例圖，是第一層次的9宮格。

想要進入更深的第二層次思考，只要將9宮格的其中一項答案抽取出來，填入第二個9宮格的中心主題處，再以水平思考的方式填入8個答案即可。

從第一個9宮格，延伸出第二個9宮格，延伸的過程就屬於垂直思考了。兩者相加組合成「立體化的多層次網絡思考」。所以，透過使用2D的曼陀羅，能表現出大腦的3D思考。

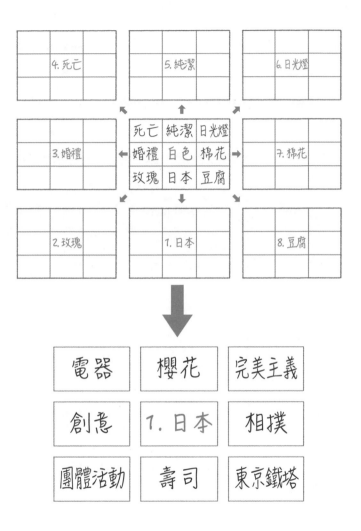

(2)運用三分法的9宮格矩陣

現在以「習慣」為主題來舉例，呈現另一種表現方式，橫向以三個類別來思考：好習慣、不好不壞的習慣、壞習慣，這是水平思考。分類要遵守MECE原則（沒有遺漏，也沒有重複）。

縱向以重要性來思考，列出最重要的三項習慣。這時的9宮格就是一個矩陣，思考過程整合了水平思考＋垂直思考。

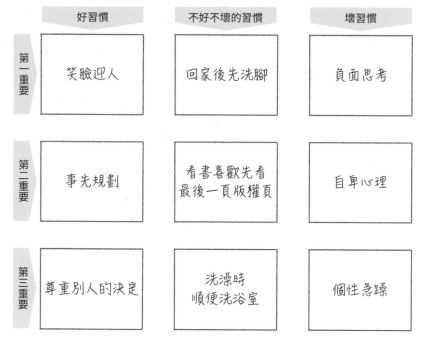

▲習慣→好習慣→笑臉迎人，這是垂直思考。

好習慣的內容很多，如何挑選出最重要的三項？仰賴我們的邏輯分析判斷能力。因為有空間的限制，可以訓練大腦能不斷聚焦、不離題。

4-4

一目了然的圖像化思考力

(1)思考可視化，更能激發創意力

　　只是在腦中憑空想像，常常會面臨思考卡住的現象，藉由書寫出來的視覺化畫面，讓自己可以看到思考的軌跡，更能激發創意。關於創意訓練部分，更多內容請見6-5 ～ 6-8、10-7。

　　舉例來說，我想了解現在的內心感受，就逐一把腦中浮現的念頭填寫在四周空格中。看著這些思考軌跡，才發現原來這些念頭都可歸類於恐懼。恐懼才是我真正的核心感受，剛剛所填寫的文字，都只是表面層次的念頭、想法，如果一直將思考重心放在這些念頭上，那就是頭痛醫腳了。於是我應該將思考重心著重於「面對恐懼、克服恐懼」，往這個方面去發揮我的創意才對。

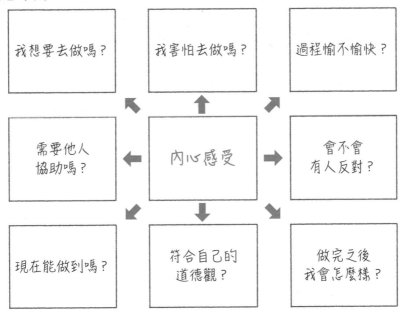

畢竟在21世紀中,文盲並非不識字的人,而是不能再學習的人。學習＝學＋習作,要成為終身學習者,就要不停地去習作,而不是當一個被動思考的職業學生。進行曼陀羅思考法時,因為至少有8個空格位置,無形中強制我們盡可能地填滿所有的格子,這能刺激大腦努力去深入思索。

(2)空間有限制,刺激萃取資訊的能力

因為格子數量有侷限性,在整理資訊時,可以強制性地要求大腦盡可能去濃縮、刪減出最重要的內容。

在閱讀《與青春有約:柯維給年輕人的生活藍圖》❶後,我寫下了閱讀筆記如下圖:

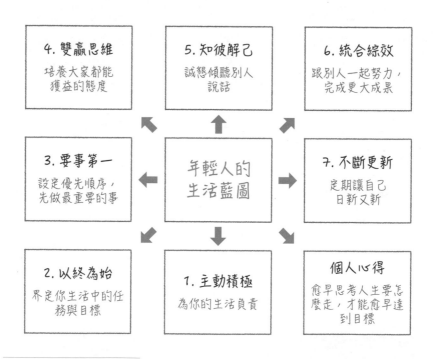

4. 雙贏思維 培養大家都能獲益的態度	5. 知彼解己 誠懇傾聽別人說話	6. 統合綜效 跟別人一起努力,完成更大成果
3. 要事第一 設定優先順序,先做最重要的事	年輕人的生活藍圖	7. 不斷更新 定期讓自己日新又新
2. 以終為始 界定你生活中的任務與目標	1. 主動積極 為你的生活負責	個人心得 愈早思考人生要怎麼走,才能愈早達到目標

❶ 《與青春有約:柯維給年輕人的生活藍圖》,西恩‧柯維 著,天下文化出版。

5

與曼陀羅思考法
異曲同工的方法

九宮格思考法

　　河圖、洛書是中國五術（山醫命卜相）的根源，已經呈現了9宮格的形式。從書法練習本到最近這幾年流行的數獨遊戲，也都是9宮格的形式，可見簡單的9宮格可以變幻出各式各樣的運用。於是也有人將「曼陀羅思考法」稱之為「九宮格思考法」。實際上，曼陀羅思考法不只是9宮格而已喔！

　　在西方創意訓練法裡，也有9宮格格式，把想要達到的目標或想要解決的問題，寫在9宮格的正中間，周圍的8種思考角度分別是組合、拆開、轉換、聯想、反向思考、問問題、圖像思考、情感考量，藉此激發大腦的創意，與此一樣使用8種思考角度的還有10-7第185頁的「奔馳法」。

　　練習一下，想想看，石頭可以用來做什麼？

　　例如：將石頭與紙鎮組合起來，就可以得到石頭製的紙鎮。

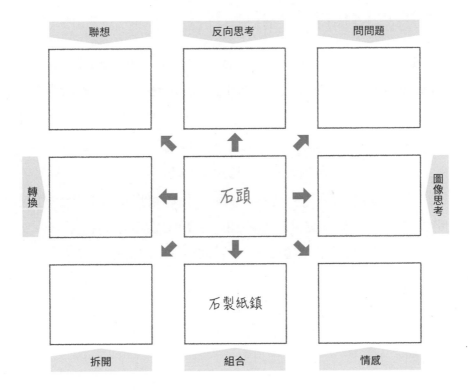

TRIZ創新發明問題解決理論之「九宮格問題分析思考法」

　　創新發明問題解決理論（Theory of Inventive Problem Solving），俄文的縮寫是TRIZ。在1946年，由蘇俄人Mr. Genrich Altshuller（1926～1998）發想出來，其中就有「九宮格問題分析思考法」。

　　這9個格子就是9種關係，橫軸分別是系統、子系統、超系統，乘上縱軸是過去、現在、未來。我們可以把橫軸看成是空間的概念，縱軸看成是時間的概念，藉由對現在的物件一一分析，然後照此分析的邏輯去想像未來可以發展成什麼樣子。

	子系統 （約等於內部概念）	系統 （約等於本體概念）	超系統 （約等於外部概念）
過去			
現在			
未來			

舉例來說，過去保溫飲水是使用保溫瓶，保溫瓶內部成分是水銀、玻璃，外部成分是塑膠，不用插電。現在保溫飲水則是使用飲水機，內部成分是不銹鋼、橡膠墊，外部成分是塑膠，需要插電。想像未來的飲水設備是直接水龍頭打開來就有恆溫的熱水供應、可以直接喝，內部成分是不銹鋼水管，外部成分是保暖纖維包覆，不用插電。

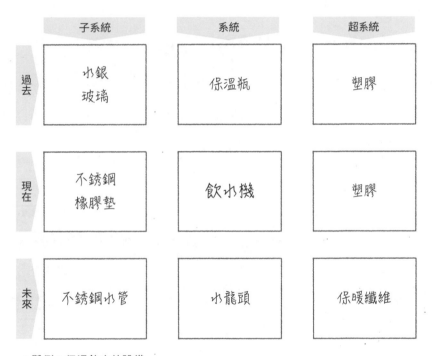

▲舉例：保溫飲水的設備

5-3

Mind Map心智圖

我個人一直把曼陀羅稱之為東方的心智圖,把心智圖稱之為西方的曼陀羅。

(1)曼陀羅與心智圖的大同之處

大方向來說曼陀羅與心智圖,兩者都是結合了水平思考與垂直思考,整個視覺構圖都可以呈現出網絡思考的結果。

(2)曼陀羅與心智圖的小異之處

心智圖要用空白的白紙,然後在中央寫上主題,要延伸出多少分枝線條與層次皆沒有限制。最好是使用三個顏色以上的色筆來繪製,若能加上插圖或是符號來輔助則更好。

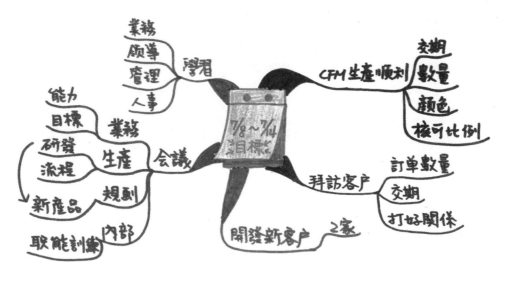

▲一周的行事曆。

　　曼陀羅最常用的格式是9宮格，看似不自由，卻能協助我們盡可能地聚焦與歸納想法。曼陀羅思考中有各種各樣的格式，不需要拘泥於表現形式，只要掌握好本書所教導的概念，自由發揮出各式各樣的曼陀羅即可。既不要求色彩、也對插圖或符號沒有任何要求。

　　你可以把曼陀羅思考法想像成是Windows作業系統，心智圖想像成iOS作業系統，兩者是殊途同歸的思考工具。

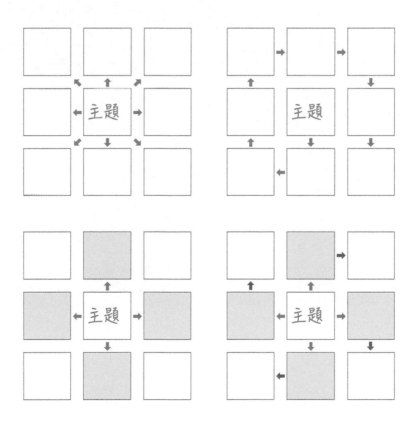

6

曼陀羅思考的
八種基本法

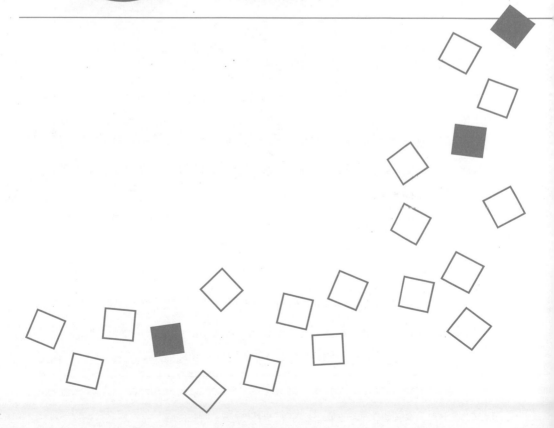

自由聯想：想到什麼，就寫什麼

step1 在中央格子中，填入主題或者想要解決的問題。

	10年後 收入加倍	

step2 隨意填寫周邊的8個格子，從哪個格子開始寫都可以，想到什麼就寫什麼，先忠實呈現自己的想法，不批判自己、不否定自己。

　　然後看著這個主題進行「觀」。觀，是曼陀羅思考中基礎、最簡單的動作。看著你面前的曼陀羅主題，將產生的想法逐一寫下來，可以從任一個周邊格子開始填寫，不一定要按照順序。

　　如果出現過去沒有想到的念頭，那就表示你已經啟動了大腦思考，不再只是丟出隨著過去的習慣、習性而做出直覺性、反射性的念頭。大衛・斯貝特在《畫個圖講得更清楚》❶ 書中

　　❶ 《畫個圖講得更清楚》，大衛・斯貝特 著，時報出版。

提到曼陀羅圖的功能就是整合看法：「如果要讓團體在相同的基礎上，集中思考某個主題，並且希望面面俱到時，曼陀羅圖形是很好的選擇。……當你從核心觀念逐漸衍生分支想法時，表示對問題的了解愈來愈深入。」這是因為曼陀羅是一種圖像化的思考模式，透過圖像化，可以讓我們對於主題所延伸出來的內容一目了然、掌握全局。

美國肯塔基大學把大學生分成看電視、睡覺、靜坐三組，再讓他們接受測驗，結果靜坐組的成績比其他兩組高出10%。顯示靜坐能直接影響腦功能，延長注意力，讓大腦更敏銳及提高記憶力。靜靜地看著曼陀羅的主題，進行觀想，讓你的思緒就自然地流動，只要你夠專注於填寫曼陀羅，就能觸及靜坐的效果。

填下第一個想法：

參加銷售訓練		
	10年後 收入加倍	

填下第二個想法：

參加銷售訓練		
	10 年後 收入加倍 ↖	
	增加 跨領域專業 ↓	

填下第三個想法：

參加銷售訓練	賺介紹費或 仲介費	
	10 年後 收入加倍 ↖↑	
	增加 跨領域專業 ↓	

填下第四個想法：

參加銷售訓練	賺介紹費或 仲介費	
	10年後 收入加倍	
	增加 跨領域專業	定期定額買基金

填下第五個想法：

參加銷售訓練	賺介紹費或 仲介費	教導後輩
	10年後 收入加倍	
	增加 跨領域專業	定期定額買基金

填下第六個想法：

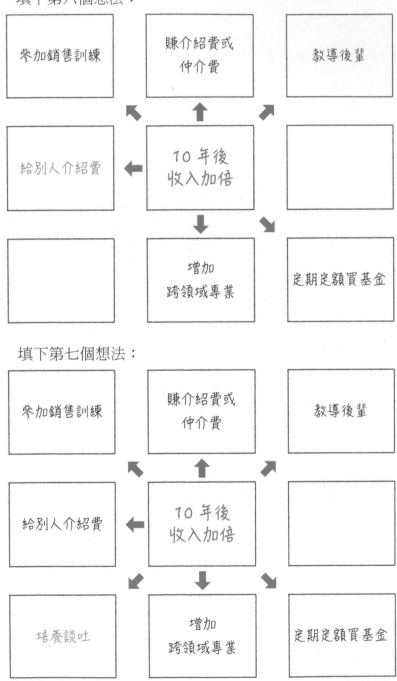

參加銷售訓練	賺介紹費或仲介費	教導後輩
給別人介紹費	10年後收入加倍	
	增加跨領域專業	定期定額買基金

填下第七個想法：

參加銷售訓練	賺介紹費或仲介費	教導後輩
給別人介紹費	10年後收入加倍	
培養談吐	增加跨領域專業	定期定額買基金

填下第八個想法：

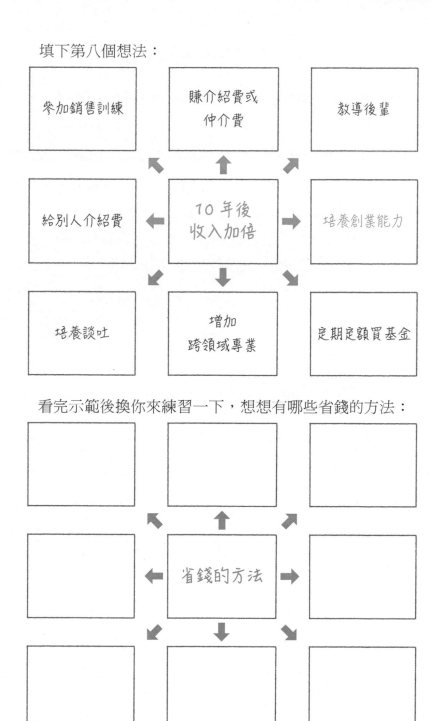

參加銷售訓練	賺介紹費或仲介費	教導後輩
給別人介紹費	10年後收入加倍	培養創業能力
培養談吐	增加跨領域專業	定期定額買基金

看完示範後換你來練習一下，想想有哪些省錢的方法：

	省錢的方法	

八種思考角度，開始廣度思考

佛教指出人透過五種感官來認識世界，基本的五種角度是眼、耳、鼻、舌、身（視覺、聽覺、嗅覺、味覺、觸覺）。另外三個的角度是意、天、地，我個人將之解釋成意義（涵義）、時間概念、空間概念。這八種角度，已經涵蓋觀察世間萬物的切入角度了。

看到「臭臭的」讓你想到什麼？透過八種思考角度，以日文の字的順序，依照順時針的方式將聯想到的事物填入。

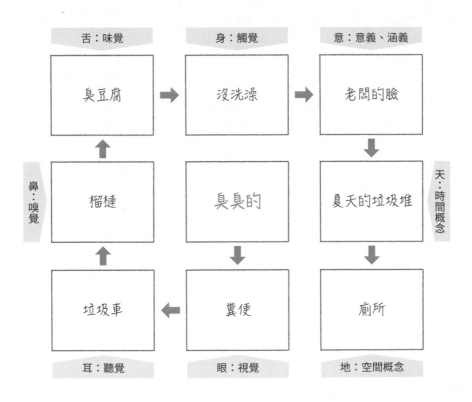

　　每個人所想出來的答案都不相同，因為每個人的背景經驗、邏輯觀念、聯想能力皆不同，這是沒有標準答案的。例如A可能在嗅覺部分會想到廁所，B可能在時間概念會想到廁所。要求標準答案是一種封閉式的思考態度，在曼陀羅思考法中，心態愈開放愈好。

　　接著練習一下，關於「減少家裡支出」，可以想到什麼：

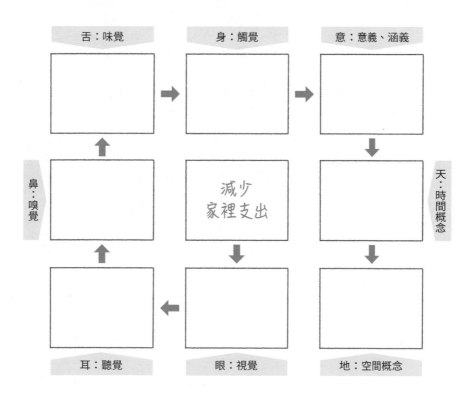

思考可行的每一步，完成深度思考

　　這個日文の字的順序，是由今泉浩晃所提出，能透過順時針的填寫方向，進行垂直思考。我發現透過這樣的填寫順序可以追蹤我們的思考意念。

　　拆解步驟最好不要超過8個，超過的話表示太瑣碎，一般情況下9宮格就夠用了，也不一定要把8格全部填完。

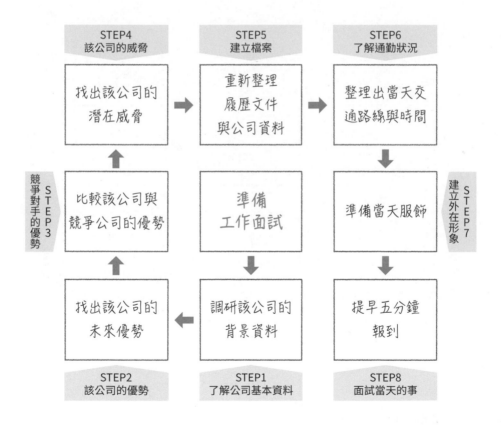

6-4

一個曼陀羅，進行兩種層次的思考

(1)第一步：四段論法

十字型排列的九宮格是由今泉浩晃所提出的方式，並命名為四段論法，每個格子都有固定的定義，畫法如下。

沒有經過訓練的人，多數是用3～5種角度去觀察週遭事物。所以反推回來，在吻合MECE原則（不遺漏、不重複）的水平思考時，多數人想到的內容，也大多分布在3～5類或3～5種思考角度中。初學者若覺得當下要做到舉一反八很困難時，可以先從四段論法、八段論法著手。

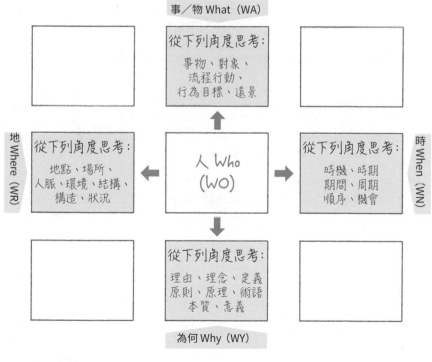

▲四段論法。

（2）第二步：八段論法

　　繼續往下一個層次思考，就是兼具廣度與深度的八段論法。把四段論法的內容，當成是四個目標，然後在每個目標的下一個格子中（也就是四個角落的格子中），填寫達成這個目標的策略或方法，這就是第二個層次的答案。

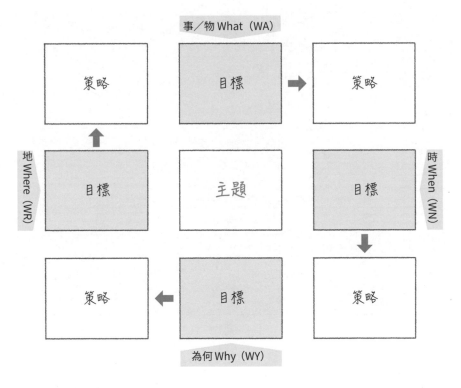

▲八段論法

6-5
虛轉實：抽象→具象＆圖像化

虛，是無形無相，沒有固定的形象，會隨著人事時地物而改變的。

實，是有形有相，擁有固定的形象，不隨著人事時地物而改變的。

例如：吃早餐，可說是一個概念、一件事、一個動作。有人說早餐是起床後到9點之間吃的，也有人說只要是起床後的第一餐，就是早餐，因此吃早餐是**虛**的。而早餐裡面的內容物，比方餐具、漢堡、燒餅、果汁、豆漿，就是具體的物件，這些都是**實**的。

虛與實，是一種相對性，不是絕對性。**虛＝抽象，實＝具象**。越明確、越具體、越特定性，就是越「實」的。例如：

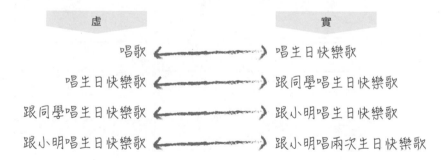

虛		實
唱歌	⟵⟶	唱生日快樂歌
唱生日快樂歌	⟵⟶	跟同學唱生日快樂歌
跟同學唱生日快樂歌	⟵⟶	跟小明唱生日快樂歌
跟小明唱生日快樂歌	⟵⟶	跟小明唱兩次生日快樂歌

在往後的章節中，會運用到很多虛實轉換（抽象思考與具象思考）的技巧，現在讓我們先在6-5 ～ 6-8練習虛實轉換，為腦力熱身。

虛轉實，就是抽象轉換成具象，可以讓我們的思考越具體，也就是越有畫面感、越圖像化。

step1 在9宮格的中間主題處寫下一個虛的詞彙，例如愛情。

step2 周邊8個格子中分別寫下一個實的詞彙，你可以用自由聯想的方式，或是順時針方向填寫都可以。

(1)自由聯想的方式

可以看到這8個答案中，太陽、火焰是同一類的思考方向，血液、手是同一類，冰淇淋、巧克力是同一類，所以一共可以分成5類。一般而言，沒有經過特別訓練的人，所聯想出來的答案差不多都是3～5類。類別越多，表示我們的思考方向越多元。

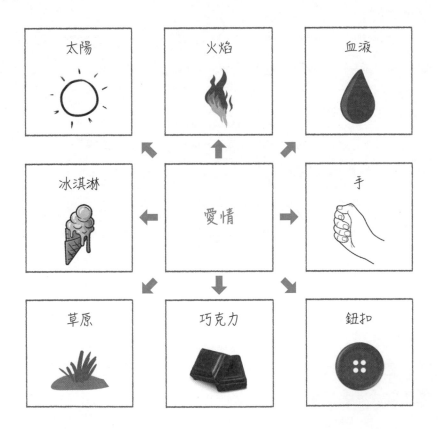

(2)の字型順時針方向

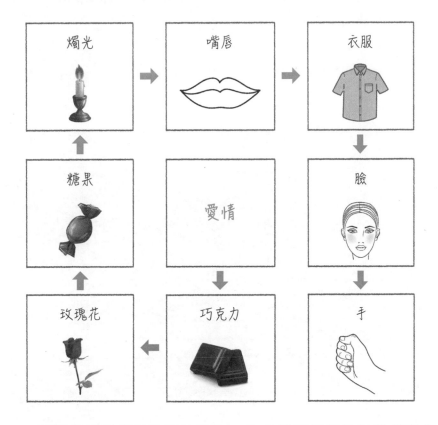

　　仔細觀察這個曼陀羅的答案，你會發現我們的思考其實會受到前一個答案的影響，這是因為我們的大腦本來就同時具備水平思考與垂直思考的能力。巧克力誘發出玫瑰花，也誘發出糖果這個答案。

　　虛轉實的過程，需要動用到我們平時的觀察力，因為腦中若沒有仔細觀察過生活周遭的事物，就不可能用聯想力去想到更多元化的答案。常常練習可以訓練出敏銳的觀察力與聯想力。可參考第8章～第13章的各種實例，學習如何將抽象的概

念，逐一轉換成更具體的想法、作法。

　　虛轉實，與下個章節要談的實轉虛，兩者都是訓練左腦與右腦之間快速轉換的方式。

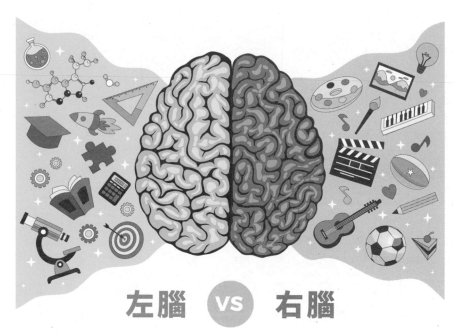

▲語言的、邏輯性的思考模式　　　　　▲想像、直覺、創意、情緒、
　分析、理論、文字、數字、　　　　　　感覺、音樂、空間、圖像、
　邏輯等「理性活動」　　　　　　　　　顏色、韻律等「感性活動」

6-6

實轉虛：具象→抽象&概念化

不同的人看到同一件事物，不見得會產生相同的概念與感受，有時候爭執只是我們的思考角度不同所造成的。這8種答案都是抽象的概念，常常練習可訓練思考的廣度，思考廣度越廣的人，就能越容易感同身受，EQ越高。運用實例可見11-4第196頁、12-4第220～223頁。

step1 在9宮格的中間主題寫下一個實的詞彙，例如巧克力。

step2 周邊8個格子中分別寫下一個虛的詞彙，你可以用自由聯想的方式，或是順時針方向填寫都可以。

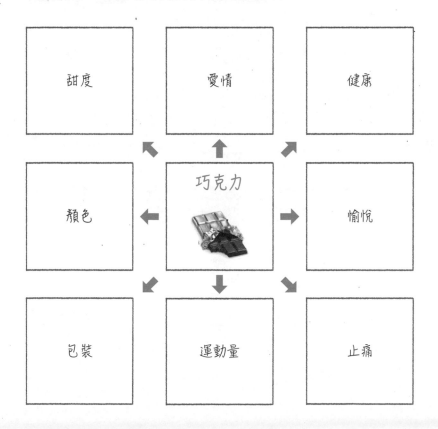

甜度	愛情	健康
顏色	巧克力	愉悅
包裝	運動量	止痛

實轉實：具象→具象＆創意化

　　三十多年前的咖啡店單純只賣咖啡，現在的咖啡店不僅賣咖啡，還賣蛋捲、茶具、咖啡豆、奶精等，更賣空間氛圍、財力象徵。同樣一家店賣的東西品項變多，但不能背離原本的咖啡概念，經營的創意在於你能不能想到別人沒有想到的。

step1 在9宮格的中間主題寫下一個實的詞彙，例如咖啡杯。

step2 周邊8個格子中分別寫下一個實的詞彙，你可以用自由聯想的方式，或是順時針方向填寫都可以。

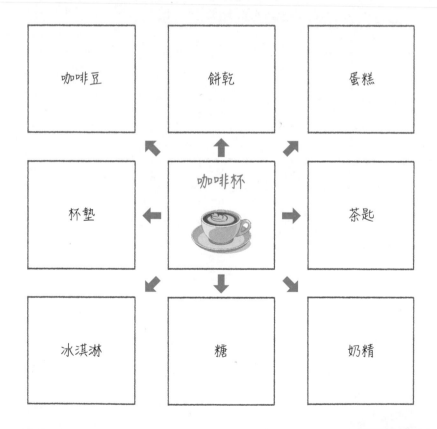

創造＝創意＋可用方法。結合創意力與邏輯力，才能達到真正的創造力。常常在各大學研究所畢業展中看到很有創意但不夠成熟的作品，成熟度來自於執行經驗，這不是創意可以取代的。所以我們必須拿剛剛的答案再進行第二層次的曼陀羅思考，也就是加入垂直思考的邏輯力進來，才能篩選出可用方法。

「實轉實」的運用實例請見9-2第140頁、9-9第158頁、10-1第176頁、10-7第185頁、11-4第196頁、11-5第198 ～ 200頁、12-2第211頁、12-3第214 ～ 215頁。

虛轉虛：抽象→抽象＆隱喻化

step1 在9宮格的中間主題寫下一個虛的詞彙，例如家庭。

step2 周邊8個格子中分別寫下一個虛的詞彙，你可以用自由聯想的方式，或是順時針方向填寫都可以。

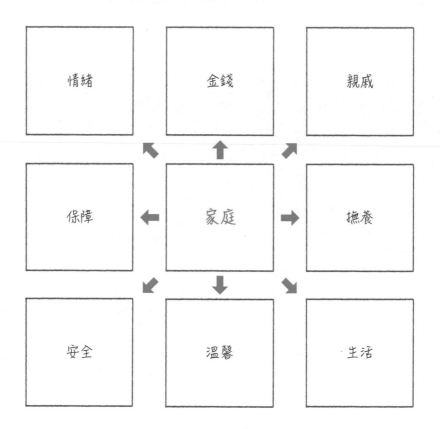

試想一下，如果要各位要拍一部影片，主題是家庭，一般不都是表現出上圖抽象要素的畫面嗎？所以用抽象的概念來說明另一個抽象概念，這就是隱喻的手法。

　　「虛轉虛」的運用實例，也可參考8-9第124頁、8-10第127頁、9-12第168頁、12-4第217頁與第220 〜 223頁。

　　學好任何事情的學習關鍵在於——超越臨界點之前，持續不斷地做就對了。

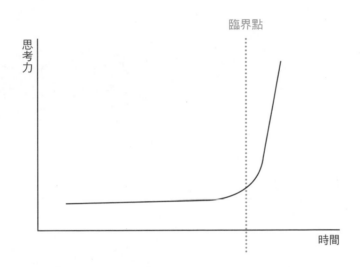

　　但可不要對自己太放縱喔！要給自己時間壓力，這樣思考能力才會越來越敏捷。剛開始我給學生的目標都是第1周每天做3個曼陀羅，一個曼陀羅必須要在3分鐘內完成。第2周須在1.5分鐘內完成，第3周要求在30秒內完成。

7

人脈曼陀羅：
自由聯想的曼陀羅

盤點人際關係

盤點人脈網路的時候，我們需要使用81宮格或729宮格的曼陀羅。

step1 先將自己的名字填寫於9宮格的正中間。

step2 把和自己比較親近、對自己比較重要的的8個人名，分別填入周圍的8個格子中。

透過填寫來審視自己的人脈關係與品質之前，請務必先篩選出對你而言最重要的8個人喔！

▲第一層次的人脈網路示意圖

step3 再往外延伸一層9宮格，開展出81宮格。

　　分別以第一層次的8個人名為中心主題，製作出8個曼陀羅9宮格。例如：想想跟志明有關係，而且自己也認識的人物有哪8個，再一一寫在志明的九宮格上。這是第二層的思考，可以看出自己的人脈網路是否有所偏廢。如果這一層的格子填不滿，表示自己這一條人脈稍嫌不足。

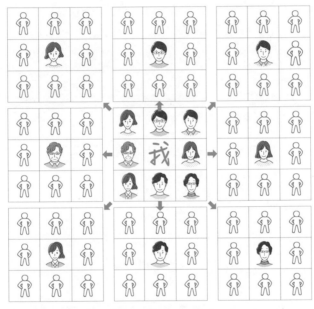

▲第二層次的人脈網路示意圖：透過人脈的第二層結果，我們應該可以看出自己的人脈圈是否有所偏廢。

step4 看情況需要，可以繼續往外再延伸一層9宮格，開展出729宮格的曼陀羅。

　　盤點人脈網路不分身分，而是依照和你關係的親疏遠近，來檢視自己人脈網路的規模大小、該人脈關係是否有所偏廢，例如：與家人及親戚有關的人員較多，而與同學或同事有關的人員較少。

7-2
規劃人際關係

　　填寫時，周圍8個格子各代表不同的身分、角色，找出在該身份中跟你最親近的人。透過這張人脈曼陀羅可以瞭解，在該身分脈絡下應如何拓展自己的人脈關係。

step1 9宮格中心主題處，寫上自己的名字。
step2 定義出8種跟自己有關的角色、身分。

配偶／情人相關的	子女相關的	親戚／朋友相關的
父母相關的	王曉明	主管／師長相關的
社團／志工相關的	工作／客戶相關的	同事／同學相關的

step3 每個格子，只填寫在該身分中跟你最親近的人員名字。

　　如果每個身分所對應出來的人員數量不多，可直接在一個格子中寫上數個人名。

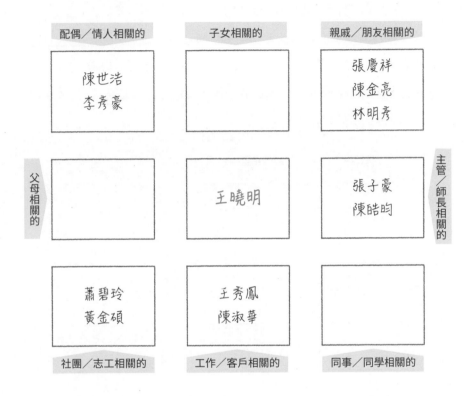

　　仔細思考並填寫後，可能會發現自己的人脈關係來源偏向於特定的幾種來源，這是正常的現象。這時有兩種思考方式，第一**加廣**，未來努力去開拓與父母、子女、同事、同學有關的人際關係，讓自己的人際網路更多源→更多元。第二種是**加深**，專心於深化原有與工作、客戶、社團、志工、配偶、親戚、朋友、主管、師長有關的人際關係。要選哪種方式，或是兩種都要，是沒有標準答案的，是因人而異的。

7-3

盤點各領域的貴人

生活中必定會有對我們伸出援手的人，現在運用曼陀羅來盤點一下，誰是能幫助我們能力提升的貴人。

step1 9宮格中心主題寫上「我的貴人」或「〇〇〇的貴人」。

step2 在外圍8個格子中，一個格子寫一個人名，以及對方可以幫助我提升何種能力。

部門主管	隔壁部門主管	組長
陳有力 影響我的考績	張時髦 教我服裝穿著	劉厲害 指出我的錯誤
同事 趙芬芳 分享美食資訊給我	我的貴人	李八卦 告訴我辦公室八卦 同事
蕭準備 教我如何準備資料	大強 教我電腦操作	王有錢 教我理財知識
同事	同事	同事

寫完後，你必能發現自己的貴人其實很多。

7-4

盤點職場上的指導老師（mentor）

從7-3的例子，再更深地延伸出另一個主題，同時也更廣泛地思考一下，在職場上幫助我們提升電腦操作能力的人有哪些？這些人都是我們的指導老師。

step1 在9宮格的中心主題寫上「幫我提升電腦力的mentor」。

step2 在周邊的8個格子填入人名，填不完8個格子沒有關係。

只要是能像7-3的大強一樣，可以幫助我們提升電腦操作能力的人，通通可以填入。從這個層次的曼陀羅可以看出，能幫助我們提升特定工作能力的貴人或指導老師的分布情況。

同事	當兵朋友	
大強	大林	
小花 （太太）	幫我提昇 電腦力的 mentor	

7-5
分析身邊人員的個性

　　俗話說物以類聚、臭味相投，跟我們很親近的人對我們所產生的影響力會加大。我們可以分析一下身邊人員的個性，接著檢視他們之間共同的個性有哪些，這樣就能知道影響你最大的人，都是什麼樣個性的人。

step1 **在9宮格中心主題寫上「周邊人的個性」。**
step2 **每個格子中寫下一個人名和他的個性特質。**

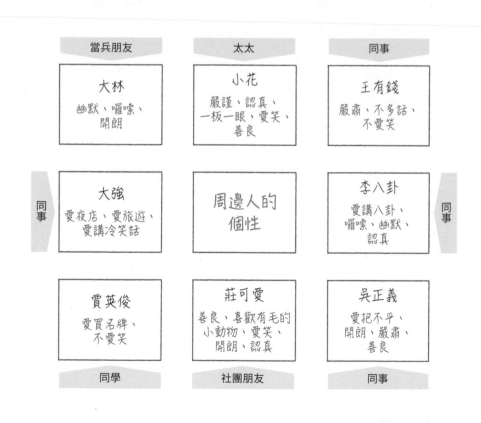

7-6

彙整身邊人員的個性

　　人是相當容易受到外界影響的，若希望自己開朗、活潑一點，就要和具有這樣特質的朋友多多互動往來，潛移默化下就會變得開朗活潑。

　　現在我們從7-5的例子來反向思考一下，找出哪些人具備你想擁有的特質，我們就要跟他們多多接觸。

step1 **在9宮格的中心主題寫上「周邊人的個性」。**

　　這裡的中心主題與7-5相同，但是我們等一下填寫的順序會不同喔！

step2 **先填寫8個個性在每一個格子中，再寫下符合這項個性的所有人名。**

　　看著7-5的分析結果，將最常見、影響你較多的個性填入周圍8個格子中，接著再填寫哪些身邊人員具備這樣的個性，這樣就可以知道「希望自己成為擁有哪種個性特質的人，就要多多接近哪一些人」。

7-5是先填名字，再註記個性。現在我們則要先填寫個性，再寫下具備這種個性的人名。

幽默 大林、李八卦	認真 莊可愛、李八卦	
善良 莊可愛、小婷、小花	周邊人的個性	
嚴肅 王有錢、小婷、賈英俊、吳正義	開朗 莊可愛、大林、小花	

7-7

開展未來的人脈

　　完成了7-6的練習後，我們現在把眼光放到未來：先思考未來自己想具備什麼能力，然後找出誰是你目前想要認識或學習的對象，以及透過什麼管道可以幫助你認識他或者向他效法。

step1 在9宮格的中心主題寫上「我的未來人脈」。在周邊8個格子中，分別寫上未來想要具備的能力。

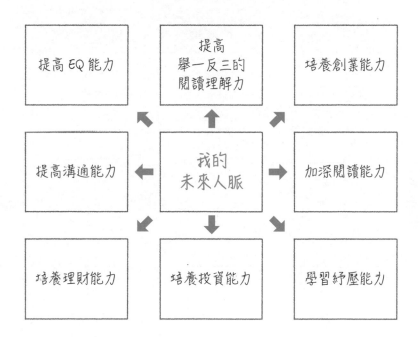

step2 **在另一個9宮格的中心寫上一樣的主題「我的未來人脈」。**

對應上一張9宮格的能力內容，在周邊8個格子中先寫上人名，再寫上你該怎麼做才能接觸到他，或是你要如何去執行他所帶給你的知識。

提高 EQ 能力	提高舉一反三的閱讀理解力	培養創業能力
林志玲 多留意他 上電視的談吐	胡雅茹老師 多練習老師 教的方法	創業成功的老闆 多閱讀成功創業 老闆的著作與報導

提高溝通能力

王有錢 儘量多約他 一起午餐	我的 未來人脈	愛讀書的朋友 參加「從書中找 到快樂人生」 讀書會

加深閱讀能力

懂理財的朋友 多看理財節目與講座、多跟懂得理財的朋友聊聊	財經專家 多看財經新聞	認識新朋友 多參加靜坐活動

培養理財能力	培養投資能力	學習紓壓能力

7-8
個人基本資料表

　　針對客戶或是朋友建立基本資料卡，可以讓你對朋友的動向瞭若指掌喔！

　　現在很多人都使用社群網站來管理朋友的資訊，像是照片、嗜好、興趣、生日、年齡等，朋友生日時社群網站也會主動通知你，手機隨時上網也很方便，所以這張資料卡上的內容可以填寫一些社群網站上沒有的資料來補齊。

　　以下是參考範例，可以依實際使用情況修改。

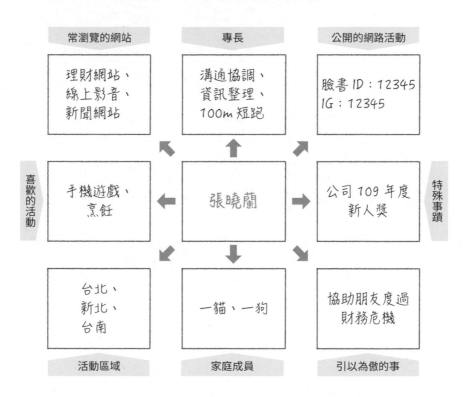

8

人生管理曼陀羅：
從自由聯想到
兩種層次的曼陀羅

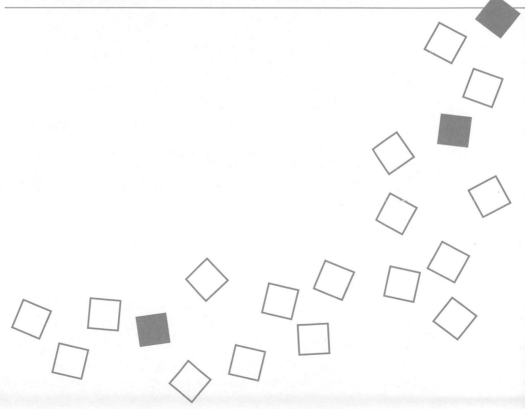

認識自己心中的「成功」

　　最新一代的時間管理，不僅是日常行事曆規劃，更講求的是人生的管理，是整個人生的生涯規劃。方向不對，再努力、再辛苦，你也很難成為你想成就的那種人。

　　想要做好人生管理，我們必須依序完成這幾張曼陀羅：定義我是誰→目標設定→規劃行事曆，本書將在第8章～第9章中仔細一一說明。

　　定義我是誰，就是認識自己。要認識自己的成功定義、價值觀、信念，才能擬訂出適合自己的策略與生涯規劃。

　　所謂的「成功」，是指你達成了你的目標，有達標就是成功。每個人的人生目標不同，所以成功是有各種不同的方式的。

　　你要用什麼來決定自己成功了？

　　像美國股神巴菲特用精準的投資眼光？

　　像台灣賣菜婆婆陳樹菊用持續捐款？

　　像台灣藝人張小燕用提攜後進？

　　像台灣藝人孫越生前用幫助別人戒菸？

　　像公司老闆用賺多少錢？像有些人用名牌包數量、名車數量、房產數量？

(1)第一種方式：自由聯想

現在就拿起筆，畫上一個9宮格，填上你心目中的成功是什麼？

有些項目可能是目前已經成功的，有些項目可能是未來想要達成的，通通寫下來。寫不滿8個格子也沒有關係。

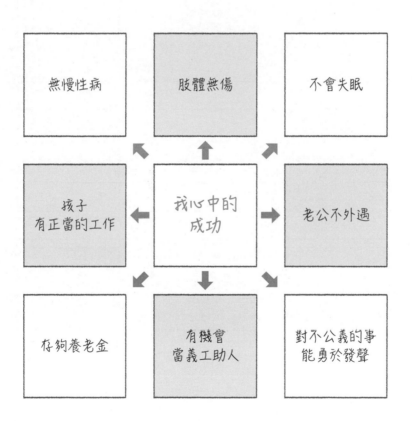

(2)第二種方式：八段論法

step1 在9宮格的中心主題上寫上名字，開始進行四段論法。

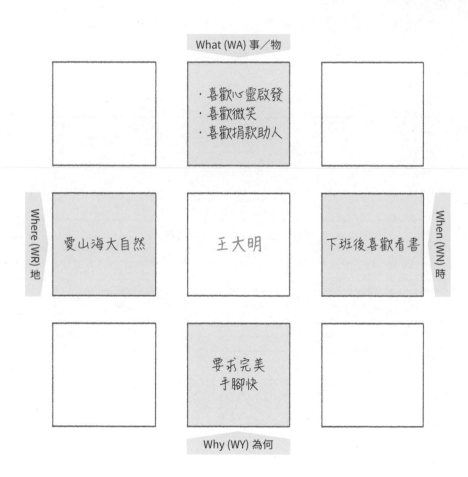

step2 填寫四個角落的格子，完成八段論法。

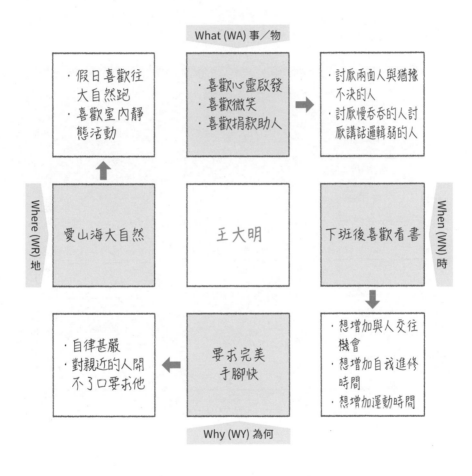

盤點自己現在已經擁有的

想要讓自己有所突破，必然要先盤點好自己目前已經擁有的，才會精準知道下一步該往何處突破？

(1)第一種方式：自由聯想

在9宮格的中心主題寫下自己的名字，然後把你目前已經擁有的範疇先寫下來。不一定都要填滿。

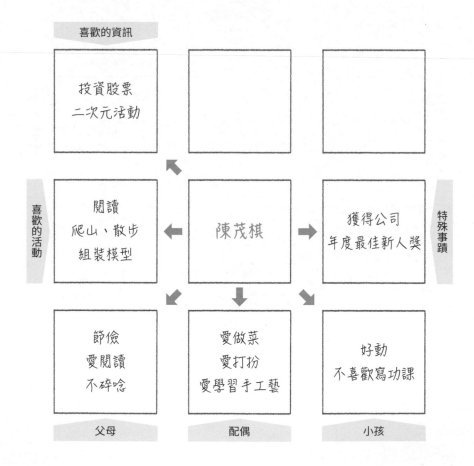

(2)第二種方式：兩個層次的分析

如果想要更全面、更有系統的分析自己，可以依照以下的項目，進行81宮格的曼陀羅。

step1 拿一張A4紙，畫上一個大型的9宮格，中間主題寫上自己的名字。

	王大明	

在周圍8個空格裡，分別畫上一個9宮格。

在每個小9宮格中心主題分別寫上：專長、缺點、優點、活動、目標、性格、喜好、期許。不一定要按照上述順序填寫。

	專長			缺點			優點	

	活動			**王大明**			目標	

	性格			喜好			期許	

step3 **開始填寫每一個小9宮格。**

　　例如左上角處，要寫王大明自己認為自己已經具備的專長分別是什麼，不一定每個格子都要填滿。

運動		
分析	**專長**	
邏輯	電腦	

	缺點	
不愛求人	愛說教	

不貪小便宜		
不佔人便宜	**優點**	
助人	善良	

看電視	陪小孩	
聊天	**活動**	
看書	健行	

王大明

讓孩子寫功課	增加進修機會	
孩子快樂	**目標**	
減少加班	生活輕鬆	

自律甚嚴	要求完美	
愛惡分明	**性格**	
動作快	急躁	

聊天	喝茶	
看書	**喜好**	
看海	健行	

夫妻感情好		
父母高壽	**期許**	
孩子孝順	遺產捐出	

認識自己的核心價值觀(1)

在決定怎麼做、決定做什麼之前,你一定要知道自己想要去哪裡。思考以下這三組問題:

· 你想要達到什麼?　　←→　不想要達到什麼?

· 你想要什麼樣的生活?　←→　不想要什麼生活?

· 你想成為什麼樣的人?　←→　不想成為什麼樣的人?

可以將你的答案填寫在這個6宮格的曼陀羅中:

樣式(1)

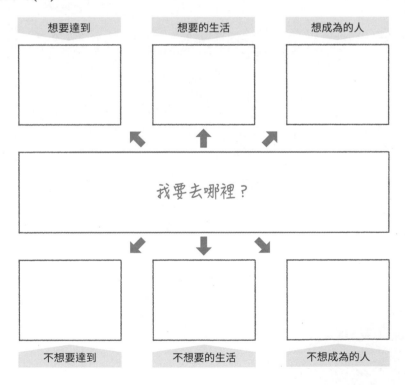

樣式(2)

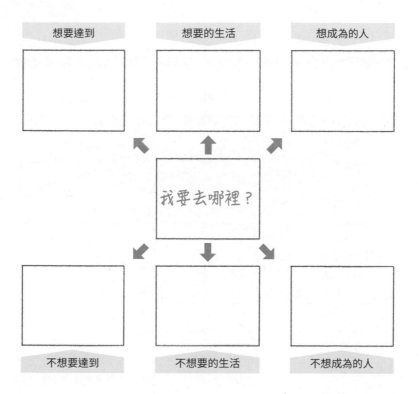

8-4
認識自己的核心價值觀(2)

　　一開始就要寫出自己真心認定的成功定義、價值觀和信念並不容易，難免口是心非地寫出一些迎合外人眼光的答案。這時，我們可以改用旁敲側擊的方式來認識自己。可以運用7-8的方式，分析自己外在的條件，完成後再反思──是否真心想在未來繼續維持這些內容？

認識自己的核心價值觀(3)

step1 在9宮格的中心主題寫上「我的價值觀」。

step2 依照這8種思考方向,寫下你心目中想做到的、想擁有的。

人際	食物	物慾(金錢)
想交朋友 想要愛人	想吃美食	想過富裕生活 想要獨占一個房間

愛(感情)		名譽
享受喜愛 想被人家需要 (幫助別人) 想結婚、想要小孩	我的價值觀	想要表現自信 想要突出 想要被肯定

知識	健康	創造(事業)
想要更聰明 想要更有學問 想要理解力強	希望永遠年輕 希望不生病	想擁有成功的喜悅 想要創造一些事

8-6

認識自己的信念

要成為一個獨特的人必須要先有自覺。你需要先決定：

· 你是誰？　　←→　　你不是誰？

· 你想變成誰？　←→　　你不想要變成誰？

決定後用重複行動來強化我們的表現，我們就能成為獨特的人。我們的每一項信念所產生的行動，都會加強我們的信念：你是誰？你想要變成誰？

step1 **在9宮格的中心主題寫下「我心目中的好○○」。**

如果你想成為一個好情人，那麼就寫下「我心目中的好情人」。如果你想成為一個好老師，那麼就寫下「我心目中的好老師」。

step2 以自由聯想的方式，務必填完8個格子。

答案數量太少的話，表示我們對該目標的信念不足。這裡寫下的答案，必須要有明確的動詞，是你要實際去做的事情，不可以只寫出抽象的形容詞。

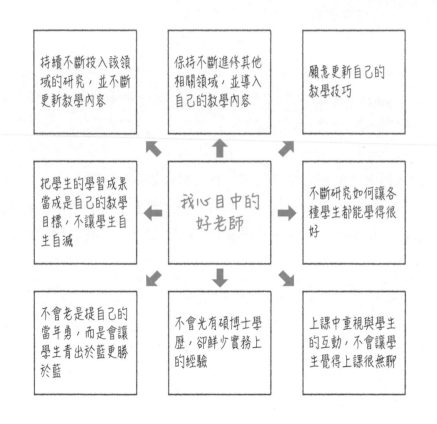

8-7

加強自己的信念

要加強自己的信念，就要多多向內挖掘自己的動機。以學習某件事物為例，我發現很多人是沒有學習目標的。不是說他們不想學，而是說他們沒有想清楚自己為什麼要學？要學什麼？要學到什麼程度？所以過程中遇到有一點難度或是沒有立刻見到效果，就會認為自己不適合而立刻放棄該課程。

在我們開始動手學習之前，必須要建立學習動機。找出有哪些原因會讓你覺得——如果學會了這件事情，是很讓人興奮的。

我不要你寫應該或必須這麼做的理由，因為這種不得不做的學習心態，常常是讓我們很快就放棄的原因。這裡希望你寫的是——當學成之後，你會用來做什麼？你的未來會達到什麼樣的境界？未來生活會有什麼變化？

step1 在9宮格的中心主題寫上「為什麼要學〇〇？」
step2 以自由聯想的方式，務必填完9個格子。

範例(1)

是一種讓左右腦平衡的訓練，腦力表現更好	可延緩失智症病發的一種腦力訓練	可以讓自己快速累積大量知識，解決問題能力會增強
思考反應速度會加快，觀察力會加強	為什麼要學ESI超強記憶術？	可以縮短學習時間，讓我生活更輕鬆
可以增加抓重點的能力，讓我提升思考效率、自信心	記憶力是創意力＋邏輯力＋想像力＋專注力的整合	可以提升專注力，以提高加強心智抗壓力

範例(2)

同步訓練左腦邏輯與右腦創意，幫助左右腦平衡，腦力表現更好	繪製過程後增加學習的理解效果，可以深度思考	快速做筆記的能力能減少學習時間
可以加強讓自己想法更正確的能力，得到良好溝通效果	為什麼要學ESI心智圖？	容易覺察自己的思緒變化，增強覺察力
懶惰是學不好的，過程中可以鍛鍊自己的意志力	是一種用來鍛鍊腦力的技巧，可以讓自己更快掌握事物的關鍵	與超強記憶術搭配，可以解決任何學習問題，增強學習自信心

範例(3)

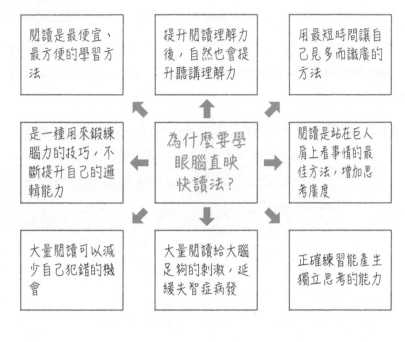

範例(4)

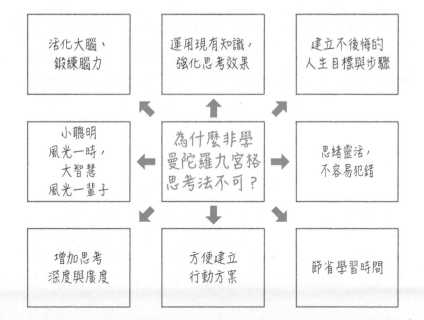

實現信念的第一步

　　台灣高爾夫球后曾雅妮曾表示，從小就偷偷在有名的前輩旁邊偷偷學習。造成全球旋風的籃球選手林書豪即使受傷了，也不斷告訴自己下一秒很可能就會失去一切，於是在別人休息的時候，繼續投入更多的時間練球。蔡依林不僅是歌唱天后，還是國際翻糖蛋糕的世界冠軍，也公開說過自己不是天才，而是地才，一切都是努力練習而來的。

　　由此可知，從不放棄、透過不斷訓練與自我鞭策，才能讓他們有令人驚豔的成績與表現。

熟能生巧

做到 ─────────▶ 做得好

　　我們可以運用曼陀羅思考法來想想：「熟能生巧的過程中需要哪些條件？」或者換句話說：「想達到熟能生巧，需要做到哪些事情？」

step1　**在9宮格的中心主題寫上「達成熟能生巧的條件」**

step2　**要求自己用8種思考角度來填寫。**

　　填寫時，千萬不要偷懶地直接套用別人過去說過的話，來欺騙自己的內心喔！

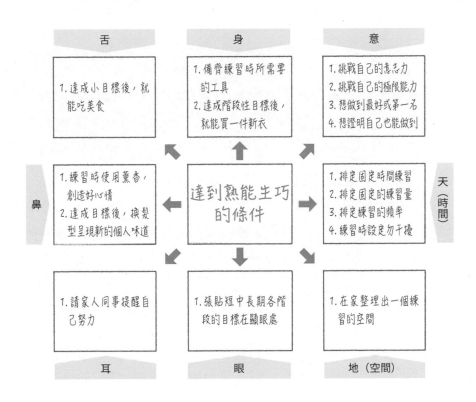

實現信念的第二步

> 馬正在狂奔，顯然騎士正趕著去某個地方。一位路人
> 見到此狀，大聲詢問騎士：「你要去哪裡？」騎士回
> 答說：「我不知道，你問我的馬吧！」

這則禪宗的故事是在描述我們的生活。許多人努力騎著馬
往前奔跑，卻不知道要去哪裡，也沒有辦法讓馬停下來。

馬就是我們的習性，一種無時無刻推著我們往前不停趕路
的無情力量，也可以稱為習慣、慣性、生活模式。人人都想活
出成功的自己，但不知道很多時候，我們心裡想往東，但習
慣、習性卻牽著我們往西，讓我們離目標越來越遙遠。

妨礙我們精益求精、熟能生巧、把事做得更漂亮的因素有
好幾項，有的人可能只有一項，有的人則同時存在好幾項因
素。必須先了解我們過去無法把事情做好的因素，才能找到破
解習慣、習性的癥結點。

step1 先進行四段論法，找出讓我們無法把事情做好的4個主因。

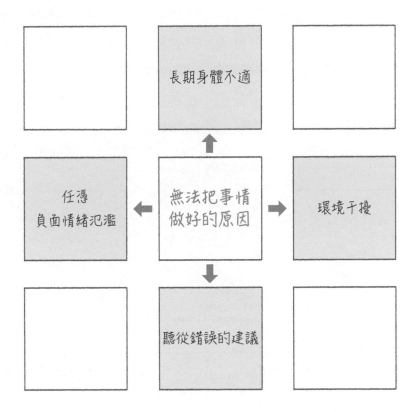

_{step2} 把上述的結果進行反向思考，改成正面的語句，再填入新
的9宮格中。

　　熟能生巧的過程中，會創造出習慣，所以應該將眼光放在
——先想好應該要建立什麼樣的好習慣，這樣才不會在無形中
反而養成了壞習慣。

　　這次稍微調整了一下位置，左右是跟個人相關的，上下是
跟他人相關的。

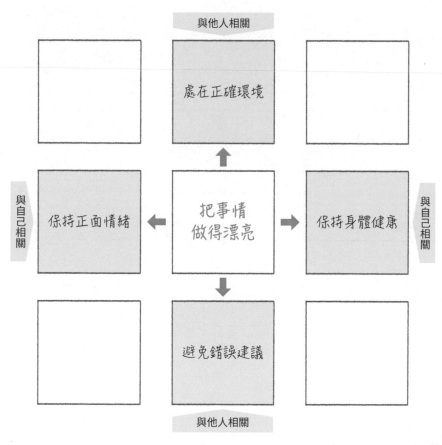

▲Step1到step2這段反向思考的過程，是屬於「虛轉虛」的運用。

step3 **完成八段論法。**

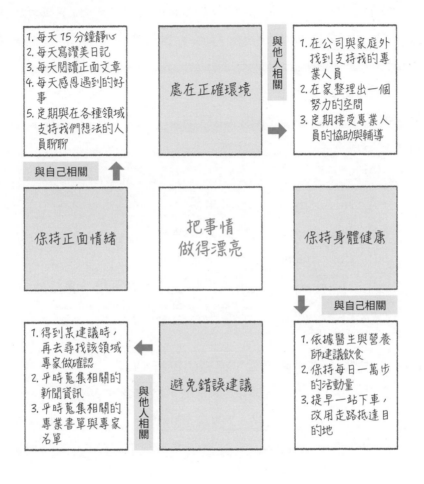

8-10

面對逆境的正向思考

　　鍛鍊肌肉的工具是運動器材的話，鍛鍊內心的工具就是壓力。平日多累積小小的正面想法，對於鍛鍊抗壓能力很有幫助。

　　針對短時間出現的負面情緒，可以在曼陀羅中融入臨床心理學的「正向思考路徑ABCDE原則」，來協助自己找出負面因素，才有機會扭轉成正面思考。

- **A**：Adversity 　　　 挫折出現
- **B**：Belief 　　　　　誘發負面想法
- **C**：Consequence 　預測決策結果
- **D**：Disputation 　　加入反駁以抑制負面想法與情緒
- **E**：Energizing 　　 強化正面想法

step1 **在9宮格中央主題處寫下遇到的挫折A。**

step2 **運用6-3的方式，依照BCDE原則，依序寫下想法。**

　　有個統計上的說法是，1個負面的壞情緒需要透過3個正面的好結果才能完全消除，所以盡量多寫下正面想法，寫越多越好。

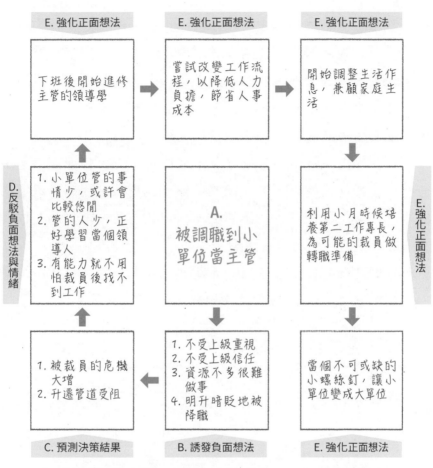

E. 強化正面想法	E. 強化正面想法	E. 強化正面想法
下班後開始進修主管的領導學	嘗試改變工作流程，以降低人力負擔，節省人事成本	開始調整生活作息，兼顧家庭生活

D.反駁負面想法與情緒

| 1. 小單位管的事情少，或許會比較悠閒
2. 管的人少，正好學習當個領導人
3. 有能力就不用怕裁員後找不到工作 | A.
被調職到小單位當主管 | 利用小月時候培養第二工作專長，為可能的裁員做轉職準備 |

E.強化正面想法

| 1. 被裁員的危機大增
2. 升遷管道受阻 | 1. 不受上級重視
2. 不受上級信任
3. 資源不多很難做事
4. 明升暗貶地被降職 | 當個不可或缺的小螺絲釘，讓小單位變成大單位 |

| C. 預測決策結果 | B. 誘發負面想法 | E. 強化正面想法 |

▲A→B是虛轉實，B→C是虛轉虛，C→D是虛轉虛，D→E是虛轉實。

建立挫折復原力

我很喜歡日本電視劇《Chief 三星主廚》女主角說的一句話:「不是強者勝,而是勝者強。」正如中國古云勝者為王,敗者為寇,一般人根本不管你在過程中遇到多少艱辛與困難,過程中的折磨只能自行消化吸收。只要最終結果是好的,大家就會認為你是贏家!

但當挫折來臨時,常常身體還能撐得下去,心裡卻撐不下去了。要如何度過不為外人所知的艱辛過程呢?我們可以運用81宮格的曼陀羅思考來找出能鼓舞自己的方法,再張貼在你容易看見的地方,隨時自我激勵。

step1 在9宮格的中心主題寫上「讓我開心的方法」,以「眼耳鼻舌身意天地」這8種角度來填寫周圍的8個格子。

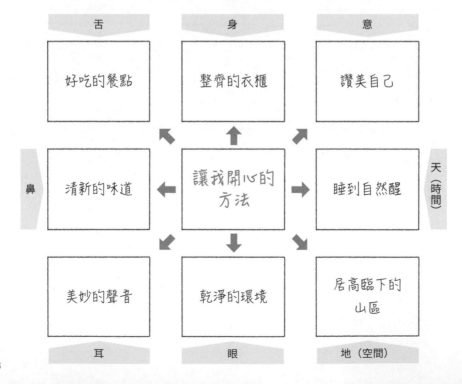

step2 再繼續往外延伸，以自由聯想的方法，直接完成81宮格。

中心主題：**讓我開心的方法**

讚美自己

每天寫下一件小的對的或順利的事情	每天寫下一件小的挑戰事情	每天寫下一件小的成就
每天感謝一位家人	**讚美自己**	想到就填寫讚美自己的語錄在小冊子上
寫下最有感觸的讚美語、每天聽一次	每週挑出新的讚美語貼在書桌前	每週挑出新的讚美語貼在馬桶前面

睡到自然醒

周末晚上10點半前入睡	晚上不使用社群網站	每週閱讀引導法來促進新陳代謝
早上在窗邊吃早餐	**睡到自然醒**	依據睡眠周期按摩睡覺時間
晚上11點前入睡	晚上10點前洗完澡	學習冷療森林的引導療法

居高臨下的山區

去不了山區時，就到河堤聽溪河水向前流	**居高臨下的山區**	達成目標後，到山區旅館住一晚
旅遊時安排山區行程	心情不好時，向家人請假，到山區看風景	每月一次到山區咖啡廳喝下午茶

整齊的衣櫃

統計出總對不適合穿的時候、張貼在衣櫃前	沒穿一件衣服才能買一件衣服的原則	丟掉超過三年沒穿過的鞋子
統計出總對不適合穿的方式、張貼在衣櫃前	**整齊的衣櫃**	張貼斷捨離整理語在衣櫃前
學習賣衣服雜誌來的穿衣方法	每半年捐出兩年都沒穿的衣服	兩個月沒穿的衣服就裝箱起來

乾淨的環境

丟掉一年未用的雜物	丟掉一年未看的書	丟掉近期一年以上的雜物
整理植栽	**乾淨的環境**	整理廚櫃
清洗家具	清洗廚具	捐出雜物

好吃的餐點

每月吃一次素食的好料理	每月吃一次有機栽培的小米飯	每月吃一次鐵鍋排
每月跟一個朋友吃一次甜點下午茶	**好吃的餐點**	每天下午喝一杯充滿兒茶素的綠茶
達成階段性目標後，吃一次沙拉配牛排	每月吃一次炸薯條	每月上午喝一杯法國風味的莊園咖啡

清新的味道

達成階段性目標後，買一小罐新各味的沐浴乳	換新鮮的枕頭的枕	沙發換上新風格的椅套
在手帕上實上玫瑰精油，放在包包中	**清新的味道**	達成階段性目標後，獎勵自己一罐按摩精油
工作時點上迷迭香素香	每天睡前點上薰衣草素香	

美妙的聲音

錄下自然蟲鳴的聲音、每天附牙聽一次	錄下名人名言、每天隨機聽一次	錄下感謝自己的話、每天睡前聆聽一次
小孩呼喚當手機鈴聲	**美妙的聲音**	古典樂器附種的鈴聲
窗戶加上清脆音風鈴	窗戶換成雙氣密窗	鳥鳴聲當門鈴

讚美日記

故事(1)

A集團老闆私下說：「我的年齡跟郭台銘差不多，但是我的身價跟郭台銘差很多。我覺得我的能力不好，不如人。」面對身價已經是十幾億的老闆，我不改直言不諱的性格直接說：「我能明白你們男人喜歡用自己賺多少錢來決定自己能力的好壞。」人類很容易拿自己的弱點去跟別人的優點做比較，然後就覺得自己很差勁。這種比較，90%以上是會讓你不開心的。

我覺得拿自己現在的優點跟過去的自己做比較，才是有建設性且沒有副作用的比較，100%能讓你越比較越開心。

故事(2)

B小姐自認自己從小就是不起眼、個性內向的人，不敢跟同事說話，無法跟同事一起用餐。下班後進修，也不敢公開提出自己的疑問，下課後還是沒膽子去問老師問題，所以進修結果並不好，漸漸地也被家人看輕能力。

A老闆跟B小姐，都落入了一種負面思考的迴路中。

根據腦神經的可塑性，每天腦細胞都會新生和死亡，也會形成新的神經連結迴路。大腦跟身體肌肉一樣是用進廢退的，

越常使用的迴路就會越粗壯，越不常使用的迴路，甚至可能會消失不見。悲觀或沒有自信的人，肯定負面思考的迴路很粗壯，光靠一兩次的讚美自己，是很難消除負面思考迴路與建立粗壯的正面思考迴路，這時就要靠讚美日記來幫忙囉！

日本作家手塚千砂子在《寫給自己的讚美日記》❶書中提到，自我讚美比別人讚美的激勵效果還要好。可以學會客觀地觀察自己，接受自己的缺點，並轉化成自己的優點。漸漸地旁人也能感受到你的自信，會更喜歡與開心的你相處。

或許你會懷疑，這樣會不會變成一個自我感覺良好的人？我要告訴你，絕對不會！因為由負面思考迴路的人來寫讚美日記，剛好能讓思考迴路產生平衡。

提升讚美日記效果的關鍵在於手寫，曼陀羅的外在形式有一點點的強制性，漸漸地你就能把8個格子都填滿的。

step1 在9宮格的中心主題處寫下「讓我不開心的事情」，或者「讓我在意的事情」。

step2 以順時針の字型方式依序填寫以下項目：我該做的行為、我的負面想法、轉念後的想法、做完這件事情後會帶來哪些優點1～5。優點部分能想到越多越好。

---

❶ 《寫給自己的讚美日記》，手塚千砂子 著，大田出版。

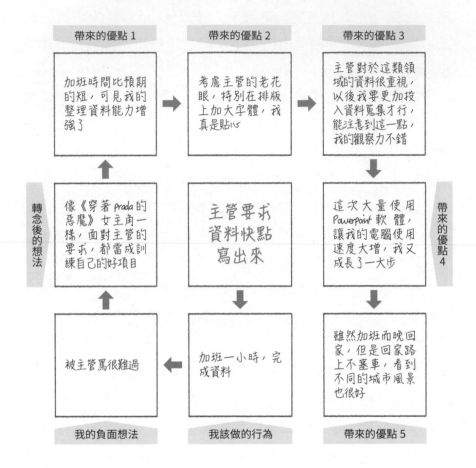

9

生活管理曼陀羅：
多層次思考的曼陀羅

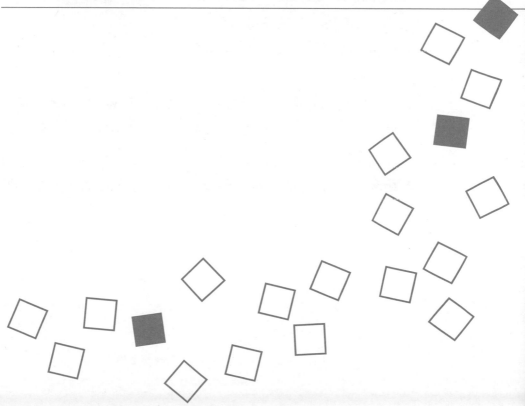

三年後達標的目標設定

在每年年末都會感嘆自己是個失敗者嗎？

總是一事無成，這種停滯性的人生，你想改變嗎？

人生是來自於每一天效果的累積，你是幫自己累積人生，還是幫別人累積人生？

停滯性的人生，是因為你把「別人的」生活目標或生活標準當成是「自己的」。會一事無成，是來自於自己沒有「在對的時間，做對的事情」。

什麼是對的事情？能幫助你達成個人真心想要的人生目標的事情，就是對的事情！

這個階段我們要進行具體目標的設定——你的夢想是什麼？達到夢想的過程中需要做哪些事情？

想要達成目標，必須同時存在兩個重點：

1. **可行的具體行動**：「投資股票，在5年後賺到100萬」優於「錢滾錢賺到100萬」、優於「賺到100萬」、優於「賺大錢」。
2. **視覺化**：一定要寫出來讓自己看到，不能只在腦中空想。

　　早期教導目標設定的人，都會告訴我們要做未來五到十年的計劃，我認為這個比較適用在步調緩慢、環境封閉、80%的環境變化是可以被預期的社會。

　　另外，我們常常高估未來一年可以做到的事情，卻常常低估未來三年可以做到的成就。建議大家先擬定未來三年內要達成的目標設定，或是未來一年的實施計劃是比較實際的。更重要的是，不管是三年的目標設定，或是一年計劃中所列出的具體行動，都需要做定期審視、調整。

step1 確定你想要扮演哪些角色。

　　一般來說，我們平日有可能身兼以下這些角色。第一類是生活中的角色：父母、子女、配偶／情人、家族親戚、朋友、社團成員、志工；第二類是職場上的角色：下屬、同事、主管、客戶眼中的供應商。

　　選定幾種角色，就使用幾張白紙。

　　最好是一張紙上只有一個曼陀羅，避免思緒干擾。目標數量過多，就無法聚焦行動，等於沒有目標一樣。大腦的短期記憶寬度是7＋2，所以使用9宮格的曼陀羅是最佳選擇。

在9宮格的中心主題處寫下角色名稱，例如父母。然後開始
思考：未來三年內，我要成為什麼樣的好父母？以自由聯
想的方式，一個格子寫下一項目標。

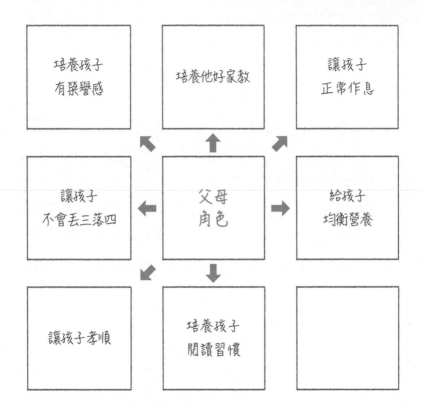

在另一張9宮格上進行虛轉實，將每一項抽象目標，轉換成
具體行為。

做目標設定，不能只是訂下目標，還要寫下可以具體執行
的行動與步驟。目標可以是抽象的概念，而計劃則必須「具
體」。

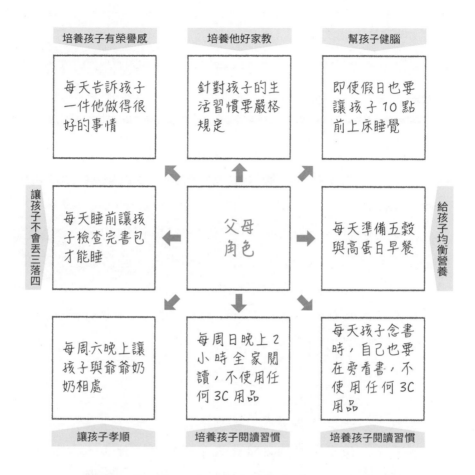

step4 以此類推，將選出來的其他角色的目標一一設定完成。

step5 寫完後貼在書桌前或是廁所鏡子旁，方便天天提醒自己。

　　這樣每天照表操課，每天只要做一點點，三年後你就會發現自己已經在無形間達成這些目標囉。我稱之為一頁奇蹟！

一年期的年度目標設定

當我們內心想要達成某項目標，也願意努力依照別人的指引去做，為什麼最終仍沒有達成目標呢？

因為這些人缺乏自我效能。由心理學家阿爾伯特・班杜拉（Albert Bandura）提出的「自我效能感」，是所有行為變化的基礎。自我效能，就是一個人如果相信自己，就會顯著地影響他所能夠做到的事。

那些相信自己能夠透過一些方式來完成目標的人，會設定自己能力範圍內可以達成的目標。他們相信這些目標是能夠實現的，相信自己有達到目標的行動力。

有自我效能感的人，會自己想辦法去將大目標拆解成小目標，並努力安排出短期計劃。短期計劃的製作與規劃，請見6-3。

蘭妹是個時髦的都會女，看到有些藝人完成了馬拉松賽或是三鐵賽，很羨慕這些人不僅獲得了健康，也獲得了演藝工作以外的掌聲。

但是自己從小就不是一個很愛運動的人，跑400公尺就已經氣喘吁吁，完成42.195公里的馬拉松簡直是一面通天高的高牆，是一場很難跨越過去的挑戰。就一直這麼地想著想著，蘭妹的馬拉松始終停留在腦中的想像階段。

知易行難，就是在說蘭妹這種沒有自我效能感的人，會把事情想得比登天還難，自己先嚇自己，然後裹足不前。

我建議這類型的人，趕緊拿起一張白紙跟一枝筆，立刻動手寫出你的曼陀羅。別小看這個動作，開始動手寫曼陀羅後，你就會深刻地感受到自己心智已經轉變，目標也變得不再困難！

跑馬拉松就跟做退休金的理財規劃一樣，不是今天開始做，明天或下個月就要立刻退休，所以先把總目標切割成一個個的階段性目標（里程碑），今天只要把眼光聚焦放在階段性目標上就好，就不會覺得做起來很困難了。

我們可以運用垂直思考法的曼陀羅，想想怎樣把總目標變成階段目標。

跑馬拉松，是具有專業性的運動，使用錯誤的練習計劃反會造成運動傷害，因此練習計劃需與專業馬拉松教練討論後訂定。另外，每個人的體能狀態不同，不可能會有兩人都使用同一份練習計劃。

step1 **在9宮格的中心主題處先寫下總目標。**
step2 **再寫下每個月想達成的階段性目標（里程碑）。**

在此僅以跑馬拉松為例，說明如何訂定階段性目標，並不是代表你可以直接拿以下的範例去實際執行。

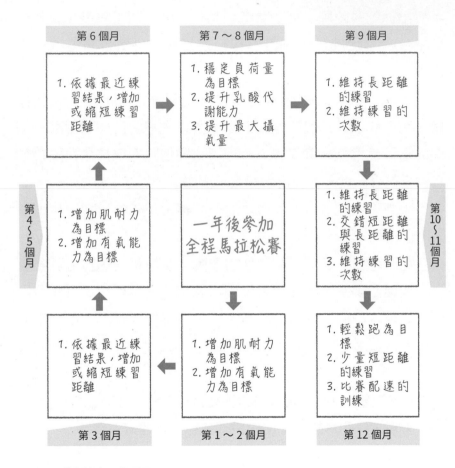

第6個月	第7～8個月	第9個月
1. 依據最近練習結果，增加或縮短練習距離	1. 穩定負荷量為目標 2. 提升乳酸代謝能力 3. 提升最大攝氧量	1. 維持長距離的練習 2. 維持練習的次數

第4～5個月		第10～11個月
1. 增加肌耐力為目標 2. 增加有氧能力為目標	一年後參加全程馬拉松賽	1. 維持長距離的練習 2. 交錯短距離與長距離的練習 3. 維持練習的次數

第3個月	第1～2個月	第12個月
1. 依據最近練習結果，增加或縮短練習距離	1. 增加肌耐力為目標 2. 增加有氧能力為目標	1. 輕鬆跑為目標 2. 少量短距離的練習 3. 比賽配速的訓練

▲「實轉實」的運用。

9-3
新年新希望

你曾經每年元旦都會許下一個新年新希望嗎？

你曾經每年的新希望都是一樣的嗎？

如果你每年的希望都是一樣的，就表示從來沒有實現過，那你更是非常需要把新希望的計劃具體寫出來。

哈佛大學心理學教授丹尼爾（Daniel M. Wegner）有個著名的「白熊效應」實驗，告訴我們如果越是想著「不可以想白熊」，反而意外地大腦越會執著在白熊上。因此寫計劃時，千萬不能用「不要」當做開頭，例如：不要拖拖拉拉、不要浪費時間。因為白熊效應反而會刺激大腦反覆上演不要做的事情，加強了負面行為的神經迴路。

另外，思考與行動不一致，會消耗腦力與精力，讓我們更難落實新年新希望。例如：**思考**是想要更健康，**行動**是拒絕吃消夜，這樣就是不一致。應該把思考跟行動的用語改成一致的，例如：不要拖拖拉拉→即知即行；不要浪費時間→依照時間計劃表去做。

沒有時間表或截止日期的計劃，是不會有實現的一天。有了正面用語的行動目標後，一定要擬定出時間表。

對於不知道該怎麼思考的人，或是不知道該從哪些地方開始思考的人，曼陀羅思考法會很管用，因為看著空白格子，大腦自然而然地就會想要去填滿，漸漸地你就會完成了一整年度的計劃。

step1 在12宮格的中心位置寫上這幾個字：2022年的計劃。
step2 以順時針的方式，在每個月份中，寫下當月份要達成的行動。

六月	七月	八月	九月
1.規劃父親節禮物	1.考全民英檢高級	1.規劃周年慶購物清單 2.排出9～2月的運動計劃	1.排出年假計劃

	六月～九月 上排			

五月
| 1.全身健檢
2.購買夏季服飾 | | |
十月
| 1.牙齒健檢
2.連絡好友聚餐
3.周年慶購物 |

中心：2022 年的計劃

四月
| 1.牙齒健檢 |
十一月
| 1.享受年假
2.審視投資結果 |

三月	二月	一月	十二月
1.規劃母親節禮物	1.排出3～8月的運動計劃 2.列出每月書單	1.過年年菜採蔬食料理 2.捐贈舊衣物	1.制定明年新希望 2.規劃過年打掃計劃 3.規劃明年自我進修計劃

9-4
讀書計劃

　　根據補習班統計，平均要準備三年半才能考上公務員高普考。我曾經輔導過一位非本科系畢業的社會人士，只用了五個月的時間就考上稅務方面的公務員高考，是我看過最短備考時間的非本科系畢業考生。

　　我用他的例子來告訴你，公務員考試看似錄取率很低，那是因為真正用心準備考試的人僅有20%，另外80%的人是去陪考的。考不上的錯誤方法遠比考得上的正確方法還要多好幾倍，所以考不上的人數眾多。例如：

・有些全職考生一天念不到6小時，念書時間量不夠。
・有些考生看書快，但不求甚解、死記硬背。
・有些考生貪圖捷徑，只看別人的摘要筆記，不清楚自己的優缺點。
・有些考生光看書，不動手整理自己的筆記，不會分析該科重點。
・有些考生讀書方法錯誤。
・有些考生讀書時間表錯誤。
・有些考生用電腦打字來練習答題，而不是動手寫字。

　　100種人準備考試的方法就會有100種，大家都有自己的一套，原因在於每個人的生活條件、勤勞程度、個性、可運用的自由時間量通通都不一樣，因此，你不可能直接抄襲別人的讀

書計劃，必須多方徵詢建議，了解讀書計劃的規劃原則，然後自行制定自己的讀書計劃。

step1 **在9宮格的中心主題寫上：一定要考上公務員高考。**
step2 **把「從零開始」到「考上」之間，切割成8個步驟。**
　　運用垂直思考的曼陀羅來擬定讀書計劃，是很容易綜覽全局、一目了然的。

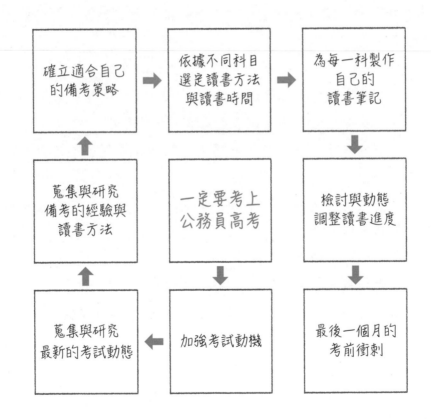

step3 **在另一張9宮格中，寫下每個步驟的聚焦重點。**

確立適合自己 的備考策略	依據不同科目，選定 讀書方法與讀書時間	為每一科製作 自己的讀書筆記
1. 依據自己的生活慣性去篩選過來人的成功與失敗的備考經驗 2. 訂下自己的備考策略 3. 每科挑一本教材讀精讀熟就好，念得多不如念得熟	1. 依據自己對該科目的熟悉程度，篩選過來人的讀書方法 2. 訂下自己的每一科讀書方法 3. 研究考古題分析出出題機率，以分配讀書時間 4. 不熟的考科要先精讀理解	1. 一定要自己撰寫每一科的筆記，不求快，但求徹底理解 2. 結合圖像記憶方法，縮短複習時間與減少複習次數，不求背得快，但求背得久 3. 精神不佳時就寫考古題或是整理筆記
蒐集與研究備考的經驗與讀書方法 透過上網諮詢或補習班蒐集過來人的成功與失敗經驗，焦點放在備考策略與讀書方法	一定要考上 公務員高考	1. 由應考日往前回推，依據自己的生活慣性去安排最可能做到的讀書進度與時間表 2. 全職考生每天念書基本量是8小時，雙周基本量是90小時 3. 拒絕與應考無關的社交活動 4. 前三個月參加應考讀書會客觀分析自己的優缺點　**檢討與動態調整讀書進度**
1. 確定考試類別 2. 確定考試科目 3. 蒐集歷屆考古題 4. 蒐集考題類型情報 5. 蒐集出題方向 6. 蒐集最新國考變革情報	1. 寫下非考上不可的理由，至少寫下三個。 2. 不要用別人的理由來欺騙自己。	1. 以戰養戰，參加其他國考的相同科目，熟悉考試分圍與自己弱點 2. 考前一個月焦點放在複習與寫考古題，著重在了解自己弱點 3. 考前一個月瀏覽今年的重大時事議題
蒐集與研究最新的 考試動態	**加強考試動機**	**最後一個月的 考前衝刺**

9-5
時間管理

課程結束後，某前段國立大學二年級的男生，留下來跟我談了兩個小時。他就讀國中時，跟一些同學都感覺到自己的心靈彷彿被關在上課與背書的監獄中，也分不清楚腦中的想法是師長的暗示，還是自己真正的意願，心想忍過這三年，上了高中就好了。沒想到進入高中又落入了同樣的禁錮情緒中，只能繼續當鴕鳥，再度告訴自己：這一切的一切只要進入大學就好了。

大學生活真的擺脫了背書的地獄，每天除了上課時間外，不和其他人一樣用吃喝玩樂的事情填滿空檔好像很奇怪，也很對不起自己。但是卻只有剛開學的前幾周很開心，每到學期末都覺得相當茫然：大學後我到底要做什麼呢？是繼續升學到碩士班、還是先去就業？未來的路要怎麼走下去？我要往哪個方向前進？

聽完這個男大生的真情自我剖析，相信他絕對不是特例。有些人則是出了社會後，在每天忙忙碌碌的生活中，對自己未來徬徨不安的念頭才冷不防地跳了出來。

另一種人是明明嘴裡說著不想要這麼忙碌，但又很怕被別人認為自己是沒事做的閒人，於是在他們的潛意識中：每天花很多時間跟朋友聊天或是轉發貼文、影片；大小事都要拍照上傳或分享到通訊軟體中；每天都要發文跟朋友說早安、午安、

晚安；天天都在研究最美的自拍角度與修圖APP。每到年中或年底，才又發現生命好像年年持續停滯不前。

一邊做著讓自己後悔的事情，一邊想著要做好時間管理，就像一邊跟會動手家暴的人生活，一邊卻又想著家人不會再度動手打人一樣，毫無意義，也毫無效果。

市面上講時間管理的書籍很多，有些講得太複雜，花招很多但很瑣碎，執行起來的效益也不高。有些講得太浮誇，好像只要做到○○，你的人生就會從此一帆風順，但是等你真正執行後就發現，怎麼還是逆風陣陣。

要把時間管理做好，首先要願意改變自己的作息。千萬要留意以下這五個步驟，絕對不能省略任何一個步驟。

step1 先找到有幸福感的動力。

好的時間管理是奠定在好的生活作息上。如果你的作息不穩定或是不正常，精神自然也不佳，容易判斷錯誤或下錯決定，只能事後花時間後悔或是再做一次，但是再做一次是最浪費時間的。

某些人總是受到情緒影響，常常晚上睡不著，早上起不來，這時就必須要先找到在早上做能為你帶來幸福感的事情。例如：吃頓豐盛早餐、看本好書、運動一下、跟寵物玩樂等等。

盤點一下，在以下這些領域中，會帶給你幸福感的小事是什麼？

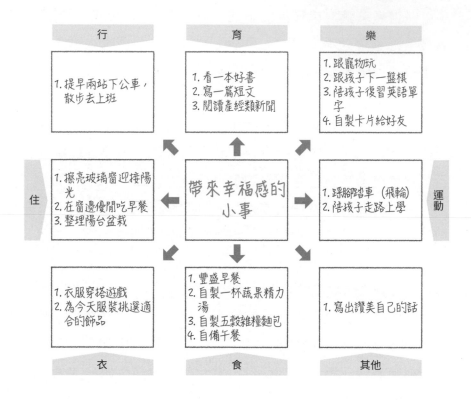

step2 列出生活瑣事。

收發電子信件、整理桌面、整理電子檔案、清洗餐具等等生活瑣事，最容易耗費人的思考精力，這些事情應該盡量安排在零碎時間中，當做是轉換心情的事務。休息，不是什麼事情都不做或是睡覺才叫做休息。利用零碎時間來轉換心情，就是最好的休息。

如果不事先列出可以在瑣碎時間做的事情，我們一定會隨著過去的習性，打開手機滑一滑，時間就隨性地滑走了。

接下來用八段論法盤點一下，可以在5 ～ 10分鐘的空檔時間中做的正事是什麼？

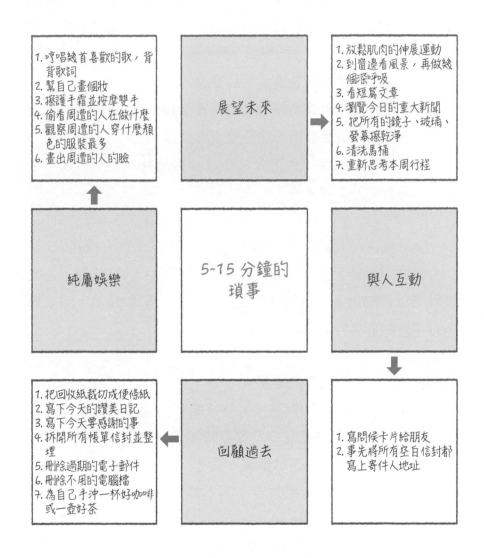

純屬娛樂
1. 哼唱幾首喜歡的歌，背背歌詞
2. 幫自己畫個妝
3. 擦護手霜並按摩雙手
4. 偷看周遭的人在做什麼
5. 觀察周遭的人穿什麼顏色的服裝最多
6. 畫出周遭的人的臉

展望未來

與人互動
1. 放鬆肌肉的伸展運動
2. 到窗邊看風景，再做幾個深呼吸
3. 看短篇文章
4. 瀏覽今日的重大新聞
5. 把所有的鏡子、玻璃、螢幕擦乾淨
6. 清洗馬桶
7. 重新思考本周行程

5~15 分鐘的瑣事

回顧過去
1. 把回收紙裁切成便條紙
2. 寫下今天的讚美日記
3. 寫下今天要感謝的事
4. 拆開所有帳單信封並整理
5. 刪除過期的電子郵件
6. 刪除不用的電腦檔
7. 為自己手沖一杯好咖啡或一壺好茶

1. 寫問候卡片給朋友
2. 事先將所有空白信封都寫上寄件人地址

`step3` **切出整塊的完整時間。**

以每20分鐘、30分鐘、50分鐘為完整的塊狀時間。

因為每個人能夠全神貫注的時間量不一樣,請根據自身經驗來決定適合你的是20分鐘?30分鐘?50分鐘?例如:

- 學生:以學校課表為主,50分鐘。
- 每周或每月結算業績的業務人員:30分鐘或50分鐘。
- 專案工作或主管職:30分鐘或50分鐘。
- 助理職、秘書:使用每15分鐘切割的時間表,以求精準地控制好工作進度。

全神貫注在塊狀時間處理需要動腦思考的事情,接著用5~10分鐘的零碎時間去處理剛剛說的生活瑣事,同時放鬆,完成後就可以再開啟下一個塊狀時間。用一鬆一緊的節奏,讓工作和每項行動都更有效率。

`step4` **刻意留給自己的獨處時間。**

不管是線上或是面對面,一直不斷與人互動會使你迷失生活重心,每天為自己保留一段獨處時間最好。若無法每天皆有獨處時間,至少每周為自己保留一段。

獨處時間時,需斷絕外界一切干擾,只有你跟自己對話,就算只有3分鐘也沒關係。回顧一下今天或這幾天發生的事情,看看是否有需要自我改進的地方;接著想想明天或未來幾天中,所有事情的優先順序。

step5 **維持一定的書籍閱讀量。**

閱讀書籍的好處，我應該不必再說了吧？網路上的假新聞、惡意謠言、真假混合的錯誤資訊比例相當高，提醒自己不要100%依賴網路消息，閱讀書籍仍是你目前最有力、最有利的選擇。

每個月初先挑好想閱讀的書籍，先從一個月閱讀一本書開始。關鍵是你必須把每天看幾頁書的行動，當成是一件重要的任務去執行。

9-6
八大目標的周計劃

工業革命後，美國理工學者腓德烈‧溫斯洛‧泰勒（Frederick Winslow Taylor）提出時間管理的概念，訂出了標準工時，預測一天內可以完成多少工作量——但這現在已經不適用於每個人了。

現在的時間管理不僅代表產能效率，還屬於自我啟發與品格的一環。會讓自己窮忙，是因為我們的大腦被偷走時間的賊占據了，而這些時間賊之所以會作怪，都是因為大腦缺乏把關的時間警察——我們的人生目標。

每天警察會定時到定點巡邏並簽到，我們也要在腦中設立讓時間警察定時定點出現的簽到處——行事曆——這是趕走時間賊最有效的方法。

有些人是因完美主義而對許多事情感到擔憂，進而無法開始動手執行目標，一直煩惱地想，時間就在煩惱擔憂中流逝，最後什麼事情都沒有完成。為不該煩惱的事情煩惱，消耗自己的心神，這種人更需要用記事本來進行時間管理，好收束自己的心念。

我們可以將目標設定與行事曆結合起來，每周都採取相同或不同的行動，往這八項目標邁進。

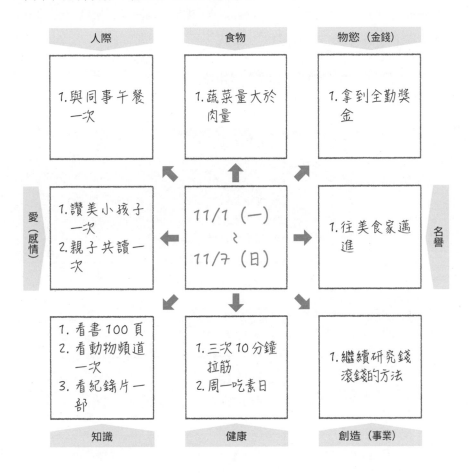

人際
1. 與同事午餐一次

食物
1. 蔬菜量大於肉量

物慾（金錢）
1. 拿到全勤獎金

愛（感情）
1. 讚美小孩子一次
2. 親子共讀一次

11/1（一）
～
11/7（日）

名譽
1. 往美食家邁進

知識
1. 看書100頁
2. 看動物頻道一次
3. 看紀錄片一部

健康
1. 三次10分鐘拉筋
2. 周一吃素日

創造（事業）
1. 繼續研究錢滾錢的方法

輕鬆寫意的周計劃、周行事曆

使用A5尺寸的紙張，方便手寫與攜帶。在9宮格中，大家可以依照自己的喜好來選擇以下樣式。

樣式(1)：の字型順時針排列

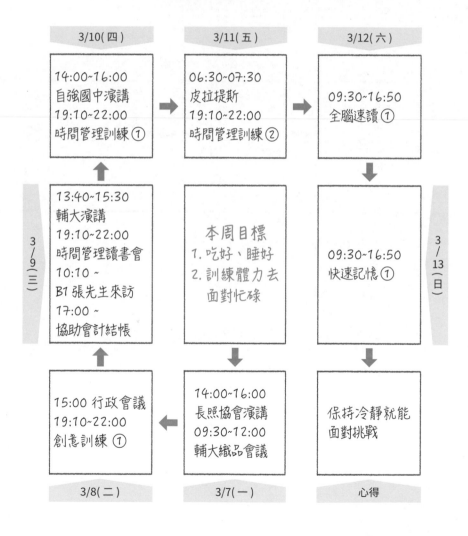

樣式(2)：の字型順時針排列

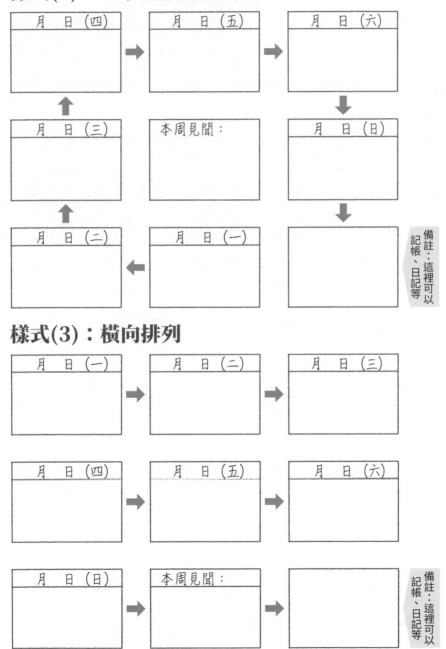

樣式(3)：橫向排列

日計劃、日行事曆

　　如果你每天的工作項目很多而且瑣碎，就適合使用日計劃表。用B5的紙張或A4紙張來填寫日計劃，不要小於A5尺寸，一天寫一頁。或是將一張B4紙張切割成上下部分，可以寫兩天。

　　下面的舉例我是用順時針方向排列，你也可以改成自己看得更順眼的排列方式。用不同顏色的筆來寫工作上的事與私人行程，這樣會更清楚。

樣式(1)

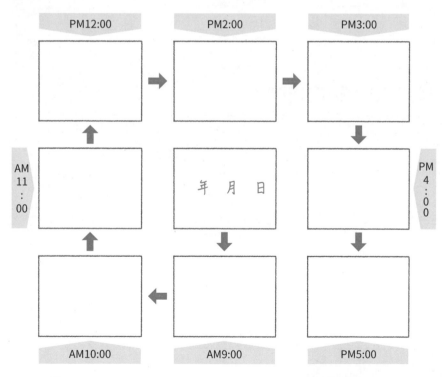

▲備註：PM12:00-PM2:00間的事情並不多，所以填在一起就可以。

樣式(2)

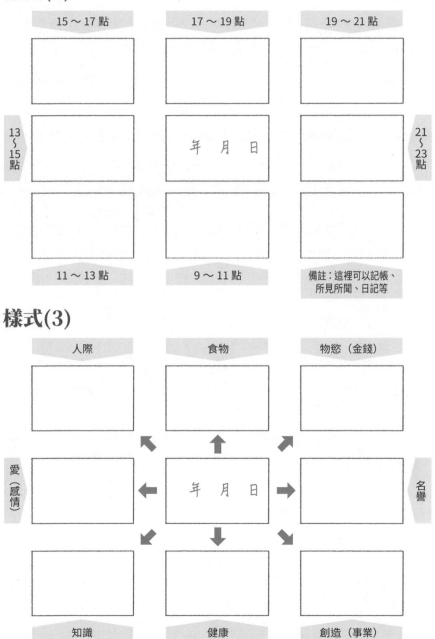

15～17點	17～19點	19～21點

13～15點	年 月 日	21～23點

11～13點	9～11點	備註：這裡可以記帳、所見所聞、日記等

樣式(3)

人際	食物	物慾（金錢）

愛（感情）	年 月 日	名譽

知識	健康	創造（事業）

9-9
領養毛小孩的準備工作

貓狗大約都有兩歲兒童的智商，因此我們直接採用人類生活中的各種情況和角度，來思考毛小孩的需求即可。

step1 在9宮格的正中央寫下：領養流浪貓的準備工作。

step2 以吃喝拉撒睡＋行、育、保健，共分8個角度來思考。

人類有食衣住行育樂，動物是吃喝拉撒睡行育樂。因為現在是要準備領養浪貓，所以捨去「樂」，改成「保健」。

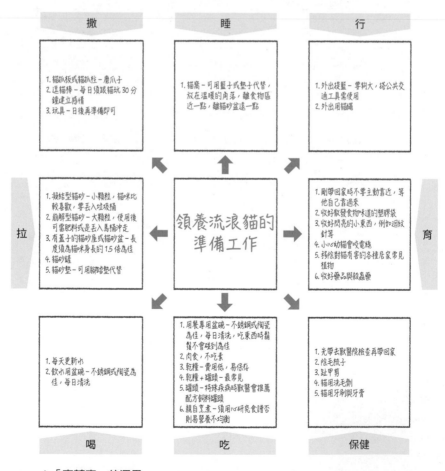

撒

1. 貓抓板或貓抓柱－磨爪子
2. 逗貓棒－每日須跟貓玩30分鐘建立感情
3. 玩具－日後再準備即可

睡

1. 貓窩－可用籃子或墊子代替，放在溫暖的角落，離食物區近一點，離貓砂盆遠一點

行

1. 外出提籃－要夠大，搭公共交通工具需使用
2. 外出用貓睡

拉

1. 凝結型貓砂－小顆粒，貓咪比較喜歡，要丟入垃圾桶
2. 崩解型貓砂－大顆粒，使用後可當肥料或是丟入馬桶沖走
3. 有蓋子的貓砂屋或貓砂盆－長度須為貓咪身長的1.5倍為佳
4. 貓砂鏟
5. 貓砂墊－可用腳踏墊代替

領養流浪貓的準備工作

育

1. 剛帶回家時不要主動靠近，等他自己靠過來
2. 收好散發食物味道的塑膠袋
3. 收好閃亮的小東西，例如迴紋針等
4. 小心幼貓會咬電線
5. 移除對貓有害的各種居家常見植物
6. 收好藥品與殺蟲藥

喝

1. 每天更新水
2. 飲水用盆碗－不銹鋼或陶瓷為佳，每日清洗

吃

1. 用餐專用盆碗－不銹鋼或陶瓷為佳，每日清洗，吃東西時翻覆不會碰到為佳
2. 肉食，不吃素
3. 乾糧－費用低，易保存
4. 乾糧＋罐頭－最常見
5. 罐頭－特殊疾病時獸醫會推薦配方飼料罐頭
6. 親自烹煮－須用心研究食譜否則易營養不均衡

保健

1. 先帶去獸醫院檢查再帶回家
2. 除毛疏子
3. 趾甲剪
4. 貓用洗毛劑
5. 貓用牙刷與牙膏

▲「實轉實」的運用。

9-10
身體的排毒計劃

與身體排泄功能相關的系統有呼吸系統、消化系統、皮膚器官、循環系統，建議採用八段論法的曼陀羅來擬定排毒計劃。

step1 先用四段論法，依據每個系統的運作原理，寫出身體每個系統的目標。

了解身體各系統的運作原理，擬定合理的目標，才能擬出正確的排毒計劃。

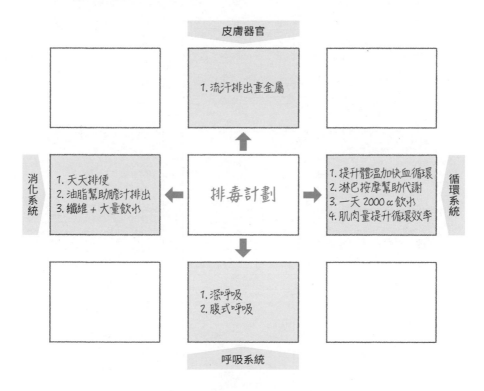

進行八段論法，依據目標思考具體的計劃。

　　將排毒計劃張貼在廚房或是行事曆上，就能提醒我們時時注意調整生活習慣，時時排毒。如果無法每天都做到的話，那就每周安排一天來進行排毒計劃。

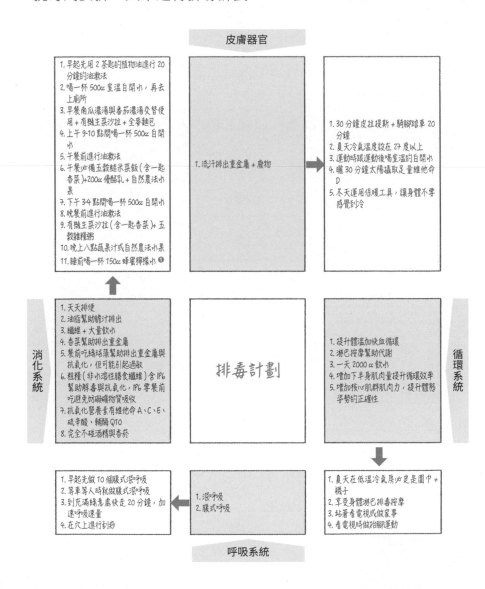

皮膚器官

1. 早起先用 2 茶匙的植物油進行 20 分鐘的油漱法
2. 喝一杯 500cc 室溫白開水，再去上廁所
3. 早餐南瓜濃湯與番茄濃湯交替使用 + 有機生菜沙拉 + 全麥麵包
4. 上午 9-10 點間喝一杯 500cc 白開水
5. 午餐前進行油漱法
6. 午餐必備五穀糙米菜飯(含一匙香菜) +200cc 優酪乳 + 自然農法水果
7. 下午 3-4 點間喝一杯 500cc 白開水
8. 晚餐前進行油漱法
9. 有機生菜沙拉(含一匙香菜) + 五穀雜糧粥
10. 晚上八點蔬果汁或自然農法水果
11. 睡前喝一杯 150cc 蜂蜜檸檬水 ❶

1. 流汗排出重金屬 + 廢物

1. 30 分鐘皮拉提斯 + 騎腳踏車 20 分鐘
2. 夏天冷氣溫度設在 27 度以上
3. 運動時跟運動後喝室溫的白開水
4. 曬 30 分鐘太陽攝取足量維他命 D
5. 冬天運用保暖工具，讓身體不要感覺到冷

消化系統

1. 天天排便
2. 油脂幫助膽汁排出
3. 纖維 + 大量飲水
4. 香菜幫助排出重金屬
5. 餐前吃綠球藻幫助排出重金屬與抗氧化，但可能引起過敏
6. 粗糧(非水溶性膳食纖維)含 IP6 幫助解毒與抗氧化，IP6 要餐前吃避免妨礙礦物質吸收
7. 抗氧化營養素有維他命 A、C、E、硫辛酸、輔酶 Q10
8. 完全不碰酒精與香菸

排毒計劃

循環系統

1. 提升體溫加快血循環
2. 淋巴按摩幫助代謝
3. 一天 2000cc 飲水
4. 增加下半身肌肉量提升循環效率
5. 增加核心肌群肌肉力，提升體態姿勢的正確性

1. 早起先做 10 個腹式深呼吸
2. 等車等人時就做腹式深呼吸
3. 到充滿綠意處快走 20 分鐘，加速呼吸速度
4. 在欠上進行刮痧

1. 深呼吸
2. 腹式呼吸

1. 夏天在低溫冷氣房必足是圍巾 + 襪子
2. 享受身體淋巴排毒按摩
3. 站著看電視或做家事
4. 看電視時抬腳運動

呼吸系統

❶ 整理自《靈魂淨化養生法》，保羅‧亞伯拉罕 著；《油漱療法的奇蹟》，布魯斯‧菲佛 著。二書皆由晨星出版。

　　以下內容是參考日本醫師新谷弘實《元氣的免疫力量》❷所建議的每日計劃，他強調既然現在無法做到吃進完全無毒的食物，所以天天進行排毒很重要。一天有24小時，所以用時間序來呈現一天內做的事情。

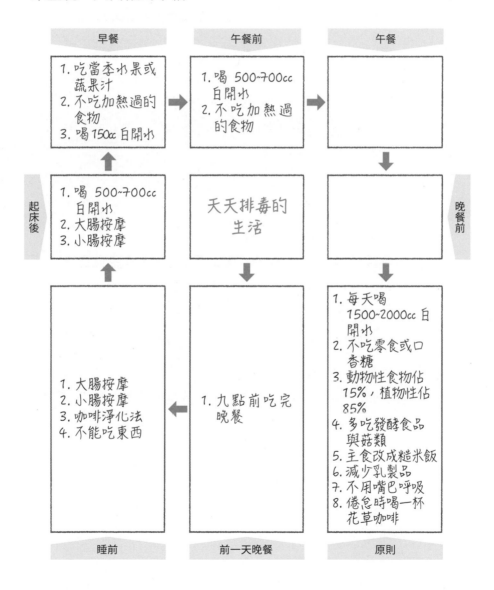

面對逆境，強健心理素質

如果你在廣受好評的情況下，卻得不到任何表現機會；或是在備受榮耀的情況下，卻把事情搞砸了。你會怎麼做？躲在家裡大嘆時不我與？說話語氣總是憤世嫉俗？到處逢人訴苦？一點小事就上網求認同？還是更激進地逢人便說這個世界有多麼不公平？

如果這些都沒有用，不妨試試以下的方法。

首先，請傾聽自己的內心。內心深處，我們正在渴求什麼？又該如何去滿足這項渴求？

接著，請時時把你的思考專注在一個焦點上——我要如何去滿足這項渴求？個人的信仰、與他人的交流，這些因素是不是正在以某種方式妨礙你滿足這項渴求？

最後，請思考一下：**最大的敵人是不是就是我自己？**是不是已經投入足夠的時間與努力，去滿足這項渴求？如果不是，那又是為了什麼？請試著找出原因。

以上這些問題不是一時半刻就能回答得清楚，答案可能也很複雜、需要花大量時間去思索，有時還需要痛苦地自我反省。如果我們的時間有限，較為方便的做法是直接參考培訓運動員的專家建議，讓自己從中挑選出最主要的心理素質。

step1 以四段論法來進行，填上最主要的4項心理素質，並正確理解這4項心理素質的概念。

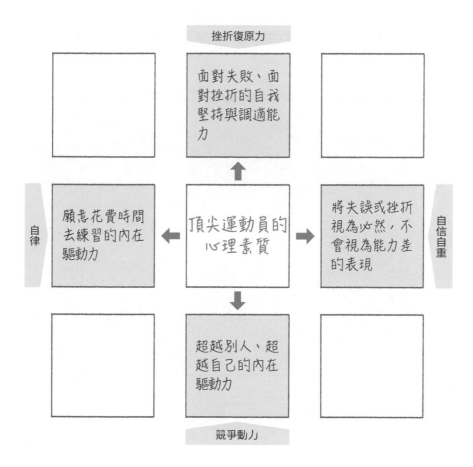

step2 開始進行八段論法，以前述的4項答案為目標，思考達成這4項目標該有的行為與信念。

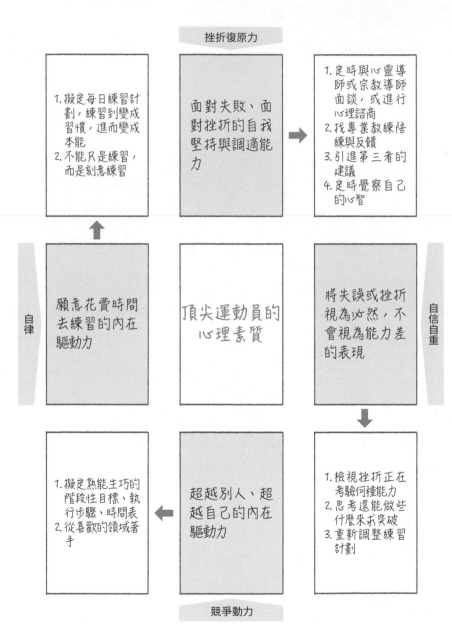

挫折復原力

1. 擬定每日練習計劃，練習到變成習慣，進而變成本能
2. 不能只是練習，而是刻意練習

面對失敗、面對挫折的自我堅持與調適能力

1. 定時與心靈導師或宗教導師面談，或進行心理諮商
2. 找專業教練陪練與反饋
3. 引進第三者的建議
4. 定時覺察自己的心智

自律

願意花費時間去練習的內在驅動力

頂尖運動員的心理素質

將失誤或挫折視為必然，不會視為能力差的表現

自信自重

1. 擬定熟能生巧的階段性目標、執行步驟、時間表
2. 從喜歡的領域著手

超越別人、超越自己的內在驅動力

1. 檢視挫折正在考驗何種能力
2. 思考還能做些什麼來求突破
3. 重新調整練習計劃

競爭動力

9-12

抽絲剝繭、了解問題

生活中的事物大體脫離不了5W1H這幾個因素（人who/whose/whom、事物what、時when、地where、因果why、如何how），5W1H本身已經兼具了廣度與深度。

第二次世界大戰後，美國海軍陸戰隊提出將成本概念how many/how much一併加入，所以就形成了5W2H。

針對一件事或是一種現象，連續問5個為什麼，這個概念是由日本TOYOTA集團創辦人豐田佐吉所提出的。問「5個why」的目的，是要我們不能滿足於表面的答案，盡量去深究出根本核心原因，而這整個過程就是深化思考的**垂直思考法**。

我個人建議大家將「5W2H＋5個why」的概念組合起來運用，讓我們的思考同時兼具廣度與深度。

‧**Why-1**：為什麼英文程度不好？
‧**回　答**：沒有使用英文的機會，漸漸地就對英文生疏。

‧**Why-2**：為什麼完全沒有使用英文的機會？
‧**回　答**：周遭沒有人使用英文，也沒有使用英文的需求。

．Why-3：為什麼生活中完全不需要使用英文？捷運或公車不是也會有英文廣播嗎？

．回　答：能用中文解決的事情，就不會刻意使用英文。

．Why-4：為什麼不願意刻意去使用英文？

．回　答：現在的翻譯軟體很發達，就夠用了，雖然速度會比較慢一點，但真的是夠用了。

．Why-5：使用翻譯軟體能解決英文問題，是因為生活在台灣。如果換個角度來問：為什麼不願意尋找國外工作的機會，而只想要留在台灣呢？

．回　答：看到外國人就有一種恐懼感，一句話也講不出來，所以不會去尋找國外的工作機會。

基本上，問5個why就夠囉！再問下去就會離題了。接下來換用how來思考。

．How-1：從剛剛最後一個答案的角度出發，想想看要如何增加使用英文的機會？

．回　答：1.找到方法克服害怕的心態。2.每天刻意去尋找使用英文的機會。

How其實是包含**人事時地物**在裡面的，現在第二個how要用更細節的**人事時地物**來思考。

- **How-2**：用人事時地物五種角度想一想，能刻意在生活或是工作中的什麼地方，找到使用英文的機會。
- **回　答**：現階段我可以1.追蹤外國藝人的粉絲團，並用英文留言。2.用雙語字幕搭配英文發音看外國影集、每天聽5分鐘的英文廣播、一邊看英文歌詞一邊聽英文歌曲練習聽力。3.刻意用英文寫短篇日記等等。

以上例子有可能是基於完美情境的假設才能做到的事情，請永遠不要忽略人性與習性，不然你的英文程度早就很好了。改變幅度越小的事情、阻力越小，越容易實現，大改變則是由許多小小的改變累積下來的。

- **總結思考**：現在看著上面的答案，想想哪一個項目是你做起來阻力最小的事情？
- **最終回答**：目前的施力點是刻意背誦英文歌詞，每天唱喜歡的英文歌曲。

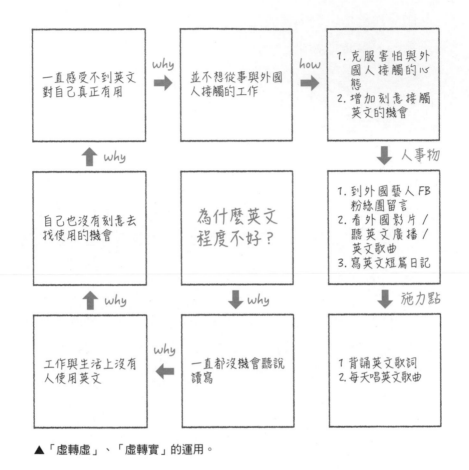

▲「虛轉虛」、「虛轉實」的運用。

　　你應該發現了，透過曼陀羅思考法的視覺化呈現方式，很容易找到自己思考時卡住的地方、盲點以及不夠深入之處，進而透視自己，就能順利找到問題的根本解決之道。

9-13
理帳勝過記帳

面對記帳，多數人不知道到底該記下什麼、該怎麼分類。

· **記帳的目的**：透過實際記錄，了解自己花錢的方向。
· **理帳的目的**：調整自己花錢的方向。

記帳是根基，目的是要達成更高層次的**理帳**，所以第一步絕對不是「立刻記帳」，而是先「理清你對帳的看法」。

舉個例子來說，手機費、行動上網費對你來說是像陽光、空氣、水那樣的生活必須品？還是生活奢侈品？對於跑業務的人、自由工作者、喜歡交際活動的人來說，應該是生活必須品。對於不喜歡用手機聊天或是討論事情的人來說，應該是奢侈品。

換句話說，每個人對於同一件事情的定義不同，需求與深刻度不同，所以理財的方式與方向，也不可能是一模一樣的。

step1 **釐清什麼是生活必須的固定支出、變動支出。**

· **固定支出**：每月、每季、每年固定要付出去的錢。
· **變動支出**：不是定時要付出去的錢。

增加儲蓄的兩大原則：支出小於收入、降低固定支出。

記帳前，先用曼陀羅思考法釐清哪些支出應該列入固定支出。分類不要太瑣碎，否則會增加自己記錄與分析的困擾，最多分成九大類。

規劃出固定支出與變動支出的類別，同時製作以下兩張曼陀羅，以避免漏寫了某些項目。藉由這個動作也可以讓自己仔細想想，過去習以為常的固定支出，真的是像空氣、陽光、水一般重要的嗎？

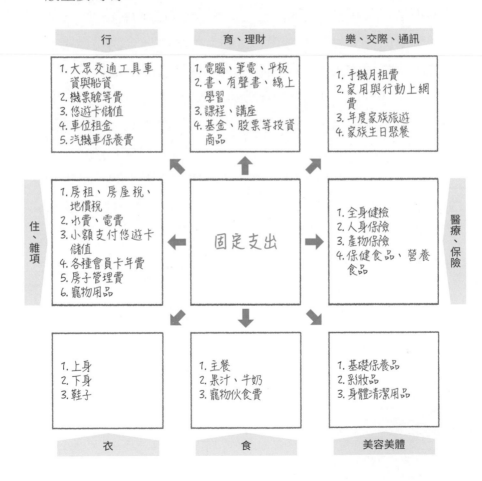

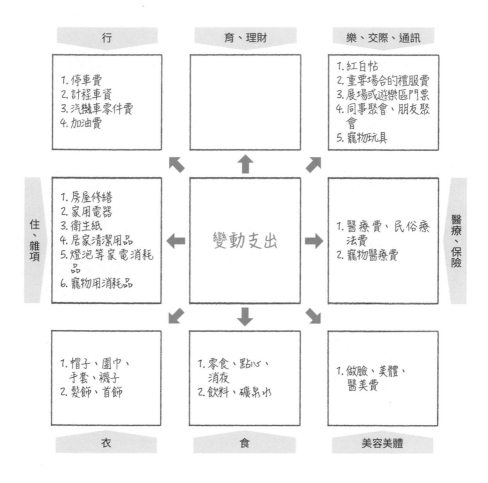

step2 **只要用大類別來記帳就好。**

step3 **一周、兩周，或者一個月就要檢討一次，完成理帳。**

看看固定支出的部分，還可以怎麼做來降低金額？變動支出會不會過高？過高的部分要怎麼降低？

我自己是不做預算規劃的，因為變動支出較難以預算方式實施。而且多數人規劃預算時通常太樂觀、太理想化，等到花錢時才發現常常超出預算，然後就心灰意冷、放棄記帳了。

10

企業管理與商品設計

10-1
探索客戶需求

step1 中心主題處是被觀察的人，例如：選擇搭高鐵的人。

step2 先以「事時地物」的角度進行觀察，進行四段論法。

原因	希望車程中能降低疲勞感，因而選擇能縮短車程時間的高鐵。車程時間越短，也越能減少趕時間的緊張感。
地點	因為票價較高，希望環境空間是開闊、明亮、舒適的。等候區要有足夠的椅子。車廂內的椅子要舒適柔軟。
事物	服務人員要親切真誠。選擇高鐵就是希望能縮短交通時間，所以購票流程要夠方便迅速。
時間	高鐵站空間大，走路也要花不少時間，希望能降低入站後到車廂之間的距離。班次間隔密集一點。希望能多設幾個高鐵站。

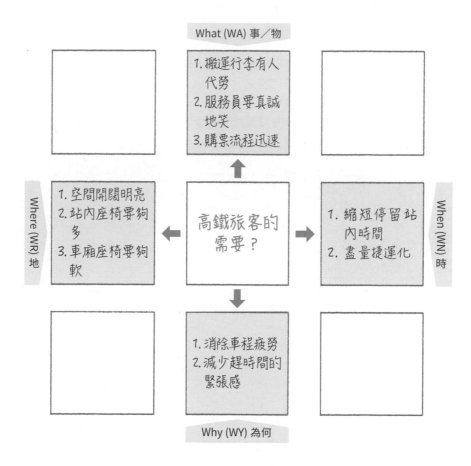

What (WA) 事／物

1. 搬運行李有人代勞
2. 服務員要真誠地笑
3. 購票流程迅速

Where (WR) 地

1. 空間開闊明亮
2. 站內座椅要夠多
3. 車廂座椅要夠軟

高鐵旅客的需要？

When (WN) 時

1. 縮短停留站內時間
2. 盡量捷運化

Why (WY) 為何

1. 消除車程疲勞
2. 減少趕時間的緊張感

進行八段論法，先追求可能性。

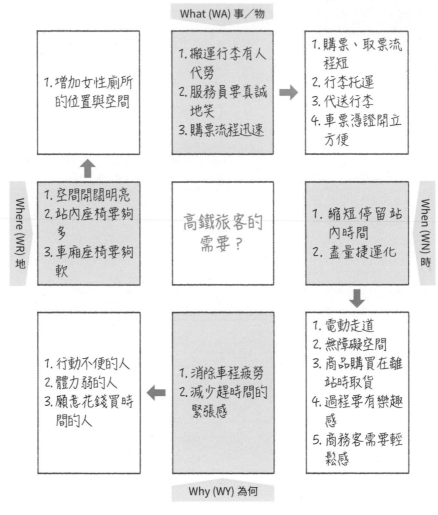

What (WA) 事／物

1.增加女性廁所的位置與空間

1.搬運行李有人代勞
2.服務員要真誠地笑
3.購票流程迅速

1.購票、取票流程短
2.行李托運
3.代送行李
4.車票憑證開立方便

Where (WR) 地

1.空間開闊明亮
2.站內座椅要夠多
3.車廂座椅要夠軟

高鐵旅客的需要？

1.縮短停留站內時間
2.盡量捷運化

When (WN) 時

1.行動不便的人
2.體力弱的人
3.願意花錢買時間的人

1.消除車程疲勞
2.減少趕時間的緊張感

1.電動走道
2.無障礙空間
3.商品購買在離站時取貨
4.過程要有樂趣感
5.商務客需要輕鬆感

Why (WY) 為何

▲「實轉實」的運用。

依據目前現有條件，用可行性來想想。

可細分出目前可以進行的、未來三年內可以進行的和未來三年後再討論的事項。

10-2
融合SWOT分析

在企業管理中，分析自家公司有什麼樣的能耐，是必要且重要的，SWOT分析是最基礎、最好用的分析方法。

step1 在9宮格的中央處寫上本公司的名字。

step2 四段論法的4個格子，分別是SWOT分析的4個項目。

S 優勢（strength）	從生產、銷售、人力、研發＋技術取得、財務＋投資＋租稅、法務＋智權、商業模式、行政管理方面想想，本公司的強項有哪些？
W 劣勢（weakness）	從生產、銷售、人力、研發＋技術取得、財務＋投資＋租稅、法務＋智權、商業模式、行政管理方面想想，本公司的弱項有哪些？
O 機會（opportunity）	從社會、科技、經濟、環境、政治、法律、道德、上游供應商、下游買家方面想想，本公司的強項有哪些？
T 威脅（threat）	從社會、科技、經濟、環境、政治、法律、道德、上游供應商、下游買家方面想想，本公司的弱項有哪些？

戰略	缺點
增長性戰略：利用優勢和機會	沒有考慮到威脅和劣勢
多元化戰略：利用優勢避免威脅	放棄了潛在的機會
扭轉性戰略：利用機會改進內部弱點	沒有考慮到威脅和劣勢
防禦性戰略：克服弱點、避免威脅	放棄了現有的機會、潛在的機會和自身優勢

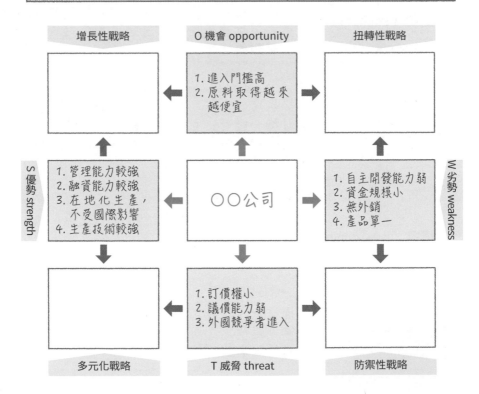

10-3

融合PEST分析

分析自家公司的外部總體環境——該產業的宏觀環境，可以了解本公司企業經營的力量。

step1 **在9宮格的中央處寫上本公司所屬的產業名稱。**

step2 **四段論法的4個格子，分別是PEST分析4四個項目。**

政治因素（political）	對企業有特別影響的政策，像是稅法或勞工法。一個國家的總體政治氣候、社會制度、政府政策、法令，都可能對企業產生影響。
經濟因素（economic）	像是利率和匯率、國家的經濟增長、經濟衰退、消費水準與偏好、供需平衡、就業程度、通貨膨脹等因素。
社會因素（social）	一個國家的教育水準、人口和年齡分布、風俗民情、國家文化、生活趨勢、價值觀等。
技術因素（technological）	企業部門內的技術應用和發展、社會整體科技的趨勢和技術轉變、國家政府的技術投資重點等。

政治 political

1. 公平貿易法
2. 勞基法修法
3. 勞健保費提高
4. 原料進口關稅調高

經濟 economic

1. 景氣下滑
2. 失業率微幅增高

○○產業

社會 social

1. 環保意識提高
2. 追求高 CP 值
3. 反對奢侈品消費的意識提高

1. 數位支付工具眾多
2. 工廠自動化技術提高
3. 倉儲自動化技術提高

技術 technological

10-4
融合PESTLE分析

PEST模型近年也延伸出其他外部因素，加入了環境因素（Environmental）、法律因素（Legal）、道德因素（Ethical），形成PESTLE分析。

我會將十字部份放上直接影響本業程度較大的項目，四個角落放上直接影響程度較小的項目。填寫的位置如下：

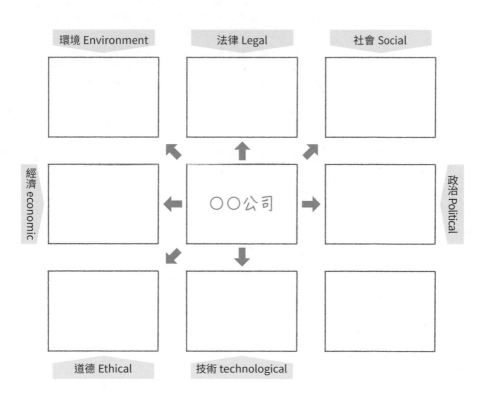

融合彼得·杜拉克企業經營的五力分析

　　管理學大師彼得·杜拉克提出只要分析企業的這5種能力，就可以完整分析出企業的整體競爭力。

　　填寫的位置如下：

10-6
融合麥可‧波特企業競爭的五力分析

管理學大師麥可‧波特提出分析企業的這幾種項目，就可以完整分析出企業的競爭力。

step1 運用81宮格，正中央核心處是分析現有產品。

從產品、客戶、服務、技術的角度來思考現有產品。

step2 在大十字放上短期內會大幅度直接影響本業的項目。

step3 在大十字的四個角落，放上短期內會小幅度直接影響本業的項目。

填寫的位置如下：

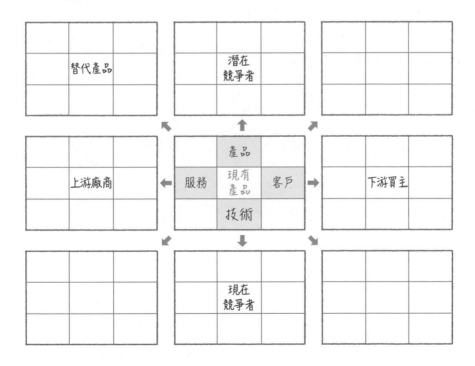

10-7
融合奔馳法及情感面向

創意（creativity），分成大C與小c。大C是**從無到有的創造**，小c則是**改良或改善**。

賈伯斯將隨身聽（walkman）數位化，就成了iPod；戴森將吸塵器的集塵袋去除掉，就成了吸力永不減弱的氣旋吸塵器。這些都只是改良或是改善舊商品，依然建立起龐大市場。

奔馳法（SCAMPER）是由7個英文單字的字頭所組成的稱呼，由美國心理學家羅伯特・艾伯爾（Robert F. Eberle）所提出，主要用於改善製程與改良事物。

奔馳法 （SCAMPER）	說明	例如
S 替代（substitute）	取代的新功能或新材質？	矽膠杯蓋、Google glasses、Apple Watch、雲端儲存
C 合併（combine）	原有功能＋新功能？	隨身聽、附橡皮擦的鉛筆、可爬樓梯的購物車、健保卡可預購醫用口罩
A 調適（adapt）	微調材質、功能或外觀？	針織運動鞋、紙吸管、挖大牙膏孔來加大消耗量
M 修改 （magnify/modify）	誇大改變材質、功能或外觀？	維多利亞時代的超大衣領、Lady Gaga 的生肉裝、人體工學椅
P 其他用途 （put to other uses）	能否有其他用途？	便利貼（＝黏性低的膠帶）、用浴帽當作鞋套
E 消除（eliminate）	可刪除或減少什麼？	無線充電設備、全自動麵包機、無人商店
R 重排（re-arrange）	能否改變順序？	消費者自己設計的樂高玩具、自己搬運與安裝的 Ikea 家具、預付型商品

　　當初**奔馳法**是工業時代用來改善有形產品的方法，但現在是無形服務時代，因此建議大家加入第8項：**情感面向**。例如：奢侈品牌代表一種價值觀、自然農法代表愛護健康與愛護地球。

　　有創意的人，是勇於做夢者──發想點子。有創造力的人，是造夢者──實現點子。不管是哪一種人，都要勇敢地去想。平時可以多多去思考日常生活中習以為常的事物，還可以如何改良或改善，培養出創意腦。

　　雖然實務上，改良或改善並不需要一次改變8個面向，但是我們可以利用奔馳法及情感面向來鍛鍊一下自己的腦力。先用8個面向去思考，再從中篩選出最具體可行的方案。以下換你來試試看，覺得可以如何去改良或改善磚頭？

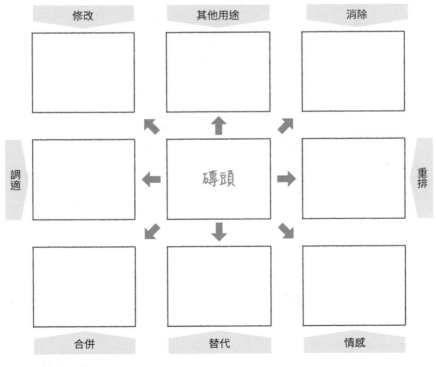

▲「實轉實」的運用。

融合萬花筒行銷

　　看萬花筒時，雖然看的方向只有一個，但是卻可以看到360°的圖像。而萬花筒行銷的意思則是：從顧客的角度看出去，可以看到各種不同角度的好處。

　　行銷時要告訴顧客，買下這項商品的好處，也就是為什麼**非買不可**的理由。用9宮格來填寫，至少要舉一反八，寫出8個非買不可的理由。

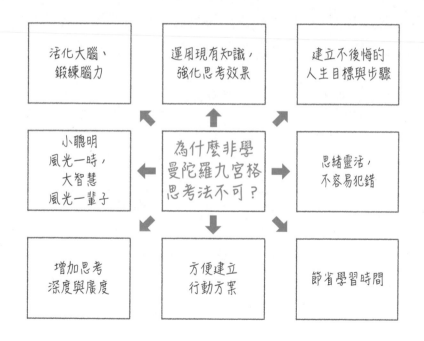

11

曼陀羅筆記術

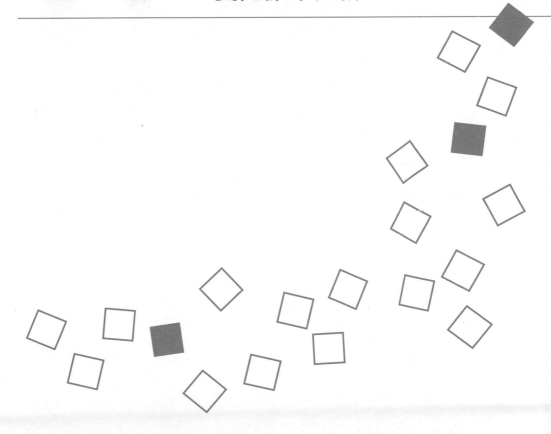

11-1
好的筆記，要包含哪些部分？

不管筆記形式有多麼不一樣，優秀筆記的2個要素永遠不變：隨時記錄、記錄關鍵字。

日本作者太田文提出考生寫的筆記要有3個功能：記錄、整理、傳達。

成績好的學生，筆記本都會有3個部分：1.抄寫黑板上的內容；2.老師的解說；3.自己的疑問和想法。

若要適用於不同的年齡階段與各種製作目的，我認為做筆記應該要有3個功能：

1.記錄：把重點寫下來，方便自己複習使用。

2.整理：有系統地歸納重點，把精熟或不熟的部分都自己整理出來。

3.確認：把自己已經理解的部分反覆練習到純熟，可以透過一些問題的思考，來確認是否已經有自己獨有的一套理解。

我發現很注重邏輯的人，筆記常常有固定的規則；而比較具有創意思考的人，筆記常常都不拘泥於固定規則。不管哪一種，視覺上看起來漂亮的筆記本，人人都喜歡。

11-2
手寫筆記，更能幫助提升學習效率

諏訪東京理科大學共通教育中心的筱原菊紀教授，運用腦部掃描研究發現，寫筆記的方式會影響學習效率：

- **筆記本記下黑板上的內容＋老師口頭說明：**
  理解與記憶的腦力都很活躍，在做筆記的同時，腦部還在儲存聽到的資訊，這種狀態更容易記住上課內容。
- **筆記本只寫下黑板上的內容：**
  大腦掌握理解的部分呈現活力，其餘部分沒什麼活力，結果是了解了內容卻不容易留在腦中。
- **把黑板上的內容＋老師口頭說明打字輸入電腦：**
  不管多用心，還是會發現整個腦部都沒什麼活力，因為不需要任何意識也能做筆記，腦部就無法發揮理解與記憶功能。

因此我們應該回頭檢討過去的筆記過程哪裡出了問題，開始重視筆記品質。當品質改變了，就算寫筆記的數量不多，學習效果也會增加的。

11-3
閱讀的四個層次

閱讀有四個層次，先從掌握最低的層次開始，打好理解能力的地基，再逐步往上。第一跟第二層次組合起來就是基本的理解能力——80%記錄＋20%整理。

第一層次，需要擷取訊息的能力：掌握基本要素：5W2H——人who、事物what、時when、地where、因果why、如何how、數量與金錢成本how many ／ how much。

舉例來說，國父孫中山先生10次革命的故事我們都學過，但是否能夠講出國父為何要發動革命？如何發動革命？這是第一個層次的理解。

第二層次，需要分析能力：能夠講出國父10次革命之間相互的影響關係是什麼？如果沒有國父革命，清朝會怎樣？若是由別人來發動革命，中國會怎樣？這是第二個層次的思考。

第三層次，需要聯想力：何謂革命？革命跟叛亂有何不同？革命也是成者為王、敗者為寇嗎？為何國父只能有一個？國父革命這件事情帶給我的影響是什麼？

第四層次，需要創造力：我能如何運用國父革命的經驗來幫助我自己？我可以從國父身上學習到什麼？

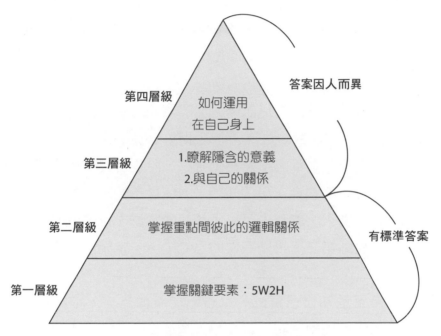

▲思考事情與閱讀，都可分成這四個層次。

11-4
故事性質的素材：中學為體、西學為用

具有故事性質的素材，以東西方文化差異來說，東方注重因果關係掌握，強調先了解事物的本源，注重why；而西方文化注重事情的發展過程，強調方法學，注重who、what、where、when、how。曼陀羅筆記是連結中學為體、西學為用的最好工具。

學生時代的筆記，以記錄、理解他人告知的重點為主，要能方便自己複習，目的是為了把資訊輸入大腦。

就業之後，做筆記不是為了考試，而是需要運用自己的聯想力、創造力與整合自己的知識，方便自己輸出、把整理好的資訊傳達給別人、讓別人可以了解我的想法。這時就必須要求自己務必做到第三、第四層次的思考了，一定要能寫出個人心得。

做筆記是為自己寫的，以自己能看懂為主，抱持這種心態，透過不斷地做筆記，就能越來越進步，甚至別人也會覺得你的筆記很容易看懂。

step1 先找出故事中的5W2H

作者、老闆、主管告訴我們一個故事或事件時，我們要立刻知道，他們想要說明的道理都寄託在故事之中，不能主觀臆斷。所以我們閱讀、聆聽時，首先要瞭解情節中的5W2H。

很多人只看故事，而沒有記錄故事的關鍵重點，因此看完故事之後印象不深刻。這種情形的人就很適合一邊看故事，一邊寫曼陀羅筆記。

寓言故事：上帝要藏在哪裡？

宇宙剛開始的時候，神決定把自己隱藏在祂自己的創造物中。「我必須藏在一個不容易被發現的地方，因為當人類花心思去尋找我的時候，他們的精神跟智慧都會有所成長。」

正當神在思考怎麼做時，天使們問了：「為何不把自己藏在地底深處呢？」

神想了一下：「不行。他們很快就知道開挖土地來發現地底的寶藏。太快讓他們找到，他們不夠時間成長。」

天使又問：「神啊！那你為什麼不藏在月亮之中呢？」

神馬上說：「不行！雖然這會需要他們多花一點時間，不過不久後他們就能上了太空，登上月球。在他們沒有足夠的時間成長前，他們就會找到我。」

天使想不出到底藏哪裡比較好了。

一個最小的天使說：「我知道了！為什麼不把自己隱藏到人類的心中呢？他們不會想要去那裡尋找的！」

「就是那裡！」神很高興找到了理想的藏身之處了。

於是神就祕密隱身於人類的心中，直到人類的心靈跟智慧夠成熟了，他們才能開啟進入自我內心深處的偉大旅程。在那裡，人類會發現他們的神，然後在此與神在一起。❶

---

❶ 節錄自《一生必讀的100個睿智故事》，瑪格麗特‧斯爾夫 著，晨星出版。

在9宮格中央主題處寫上「上帝要藏在哪裡？」

在周邊8個格子中分別依照5W2Ｈ——填上內容。

填寫順序有兩種，看個人喜好決定。

順序(1)

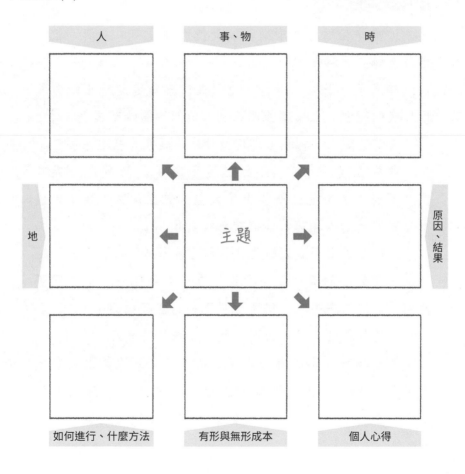

順序(2)

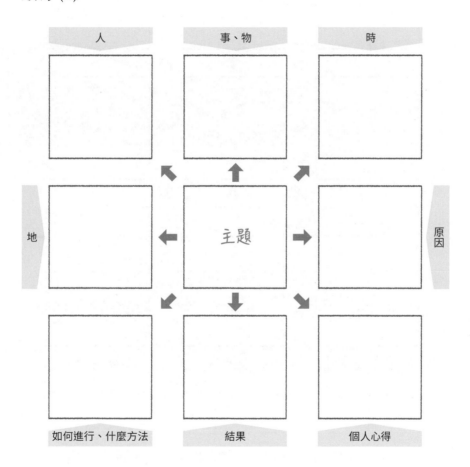

step4 **在右下角格子中寫出閱讀後的心得。**

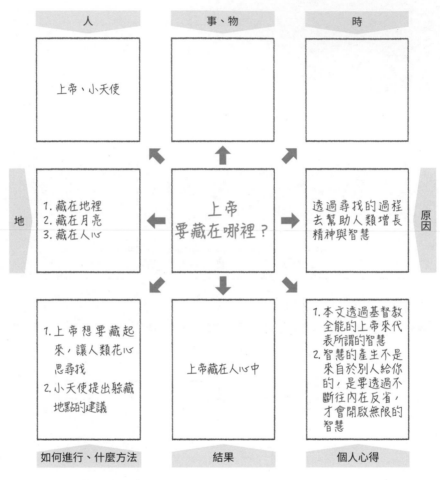

人	事、物	時
上帝、小天使		

地		原因
1. 藏在地裡 2. 藏在月亮 3. 藏在人心	上帝要藏在哪裡？	透過尋找的過程去幫助人類增長精神與智慧

如何進行、什麼方法	結果	個人心得
1. 上帝想要藏起來，讓人類花心思尋找 2. 小天使提出躲藏地點的建議	上帝藏在人心中	1. 本文透過基督教全能的上帝來代表所謂的智慧 2. 智慧的產生不是來自於別人給你的，是要透過不斷往內在反省，才會開啟無限的智慧

▲摘要重點的部分是「實轉實」，文章帶給我們的啟發與心得是「實轉虛」的運用。

　　填寫曼陀羅筆記，會形成一種視覺圖像，讓人一目了然，腦中容易產生整體觀。故事本身的結構被解析了，整體的筆記過程也可鍛鍊分析能力與邏輯能力。要求自己獨立寫出個人心得，還可訓練第三與第四層次的思考能力。

11-5
論點性質的素材：依重點數量調整格式

　　遇到講理多、舉例少的素材，以5W2H的方式來填寫曼陀羅筆記，就會出現某些格子寫不下，某些格子卻會空白的問題，有興趣的話可以看本章附錄第201頁～206頁的錯誤用法。

　　除去為了要準備考試，上班族做筆記不能只是當影印機，只把他人的內容直接複製貼上到大腦中。上班族必須要用第三、第四思考層次來做筆記。

step1 **圈選出作者說了那些論點、原因、結果、建議。**

step2 **計算上述要項的數量，並把這個數量再加1。**

　　假設有5個要項，就畫出6宮格。若有12個要項，就畫出13宮格。以單篇文章來看，一個層次的曼陀羅就足夠書寫了。若是整理一整本書的內容，就有可能會畫出多層次的曼陀羅。

step3 **在中央處寫上本次主題或主軸。**

step4 **填完外圈所有的格子，並在最後一格填寫個人心得。**

範例(1)

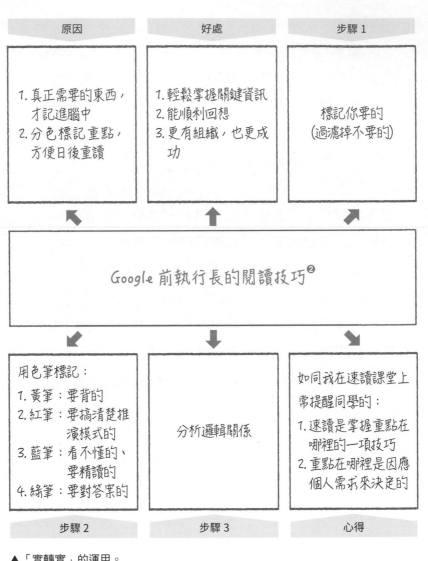

原因	好處	步驟 1
1. 真正需要的東西，才記進腦中 2. 分色標記重點，方便日後重讀	1. 輕鬆掌握關鍵資訊 2. 能順利回想 3. 更有組織，也更成功	標記你要的 (過濾掉不要的)

Google 前執行長的閱讀技巧❷

用色筆標記： 1. 黃筆：要背的 2. 紅筆：要搞清楚推演模式的 3. 藍筆：看不懂的、要精讀的 4. 綠筆：要對答案的	分析邏輯關係	如同我在速讀課堂上常提醒同學的： 1. 速讀是掌握重點在哪裡的一項技巧 2. 重點在哪裡是因應個人需求來決定的
步驟 2	步驟 3	心得

▲「實轉實」的運用。

---

❷ 整理自《Google 時代一定要會的整理術》，梅瑞爾、馬丁 合著，天下文化出版。

範 例(2)

原因	好處	步驟 1
1. 會議 2. 團體討論	1. 讓大家投入與專心 2. 促進發言、加強記憶 3. 容易彙整資訊，容易整體思考 4. 方便會後執行	比手畫腳

開會用畫圖更有效率❸

		1. 養成大家具備圖像思考的能力，大家自然就會用圖像來溝通
便利貼、圖卡、心智圖軟體	構想圖學習法：圖表、工作表、示意圖、草圖	2. 曼陀羅筆記也是圖像化的工具之一
步驟 2	步驟 3	心得

▲「實轉實」的運用。

---

❸ 整理自《畫個圖講得更清楚》，大衛・斯貝特 著，時報出版。

範例(3)

平衡	慈悲	行動	選擇
中庸之道	喚醒悲憫	做才是真理解	取回 由我選擇的力量

信心	相信我的心		物極必反 周而復始 循環
過程	按部就班 完成小目標	《鹿智者的心靈法則》❹	擴展我的實相 期望

臣服	現在	誠實	合一	心得
遵守 更高的意志	活在當下	對自己誠實	我與世界 是一體的	1. 專注於內心 2. 讓境隨心轉 3. 行動才有結果

▲「實轉實」的運用。

❹ 《鹿智者的心靈法則》，丹・米爾頓 著，心靈工坊出版。

【附錄】

講理多、舉例少的素材，如果以5W2H的方式來填寫曼陀羅筆記，就會出現某些格子寫不下，某些格子卻會空白的問題，在此舉兩個例子：

錯誤用法(1)：Google前執行長的閱讀技巧[5]

在資訊爆炸的年代，我們每天接收的資訊琳瑯滿目，怎麼知道哪些不必理會？唯有真正需要的東西才記進腦子裡。要怎樣才能做到？靠「過濾」才行。

關於過濾，我是這麼做的：當我坐下來閱讀時，手邊一定會準備好四枝螢光筆和一支顏色醒目的原子筆（像是紫色）。接著，我很快逐頁瀏覽，找尋跟我目標相符、可能重要的資訊。

一旦我找到有興趣的文字，我會用醒目顏色的原子筆在一旁空白處標示星號。這時候我還不打算把這些文字跟其他資訊做連結。我只是單純的把看似重要的文字先標出來，也等於把其他不重要的東西先排除。

完成一章之後，我會從頭再讀一遍，但只讀那些由醒目顏色標示出星號的句子或段落。這一回重讀時，我會根據我的目標，將這些文字分成四類，分別用四種不同顏色

---

[5] 節錄自《Google 時代一定要會的整理術》，梅瑞爾、馬丁 合著，天下文化出版。

的螢光筆標示。舉例來說，假設我正在讀數學教科書裡的某一章，我會把標示的文字分成以下四類、四種顏色：

1. 新名詞的定義與原理用黃色螢光筆標示，目的是提醒我要背下來。
2. 數學公式及衍生算式則用粉紅色標示，這表示我得搞清楚它們的模式。
3. 看不懂的部分則會標示成藍色，提醒我稍後得再仔細重讀。
4. 例題的解答過程則標示綠色，等我解完例題後，再回來核對答案。

隨後，等我第三次瀏覽同樣章節時，我一下就能挑出那些用螢光筆標示的部分。有些地方我會仔細再讀一遍，試著理解它的意思，並找出它跟其他螢光標示部分的關聯。這麼做是幫助我找出那一章裡重要資訊的共通模式，設法從中發展出故事。一旦這些資訊有了關聯與脈絡，編碼時就容易多了。有了這項過濾技巧，讓我的速讀水準變成世界一流，至今仍十分受用。

人腦記憶少量資訊的能力，要比記憶大量資訊好太多了。這不僅適用於資料，也適用在行動上。每當你遇上棘手的事，就試著把它拆解成獨立的小任務，各個擊破比較容易。對於管理我們每天接收的資訊，的確是不可或缺的方針。

　　任何文章做好過濾之後，日後不論過了多久，重讀時都能輕鬆掌握關鍵資訊。人的記憶實在非常不可靠。若你需要某份資料時，總是能順利回想起來，那麼你會更有組織，也更成功。

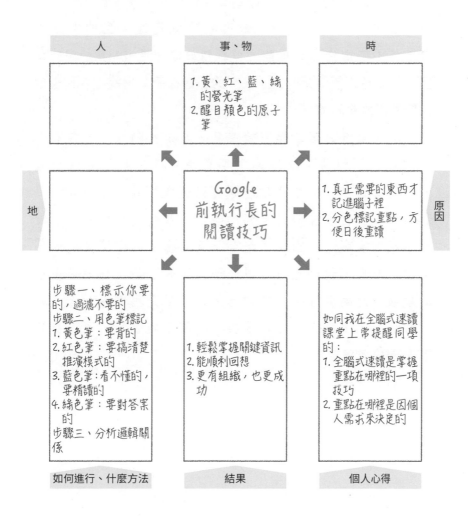

錯誤用法(2)：開會要開好，畫的比說的有效[6]

想到開會就沒力？請服用「視覺會議」工具！用塗鴉、便利貼、手勢，可專治打瞌睡、玩手機、沒意見等症頭，還能提神醒腦、活化腦力，並且增進發言、加強記憶。

在這幾項工具當中，最有效的就是你天生的畫圖能力。信不信由你，這種能力就深植於你的體內。我所謂的畫圖，就是指我們講話時比手畫腳的那個樣子，也就是各種表達我們意思的簡單動作。

把會開好的第二類有效工具，就是互動媒介，在本書我們以「便利貼」來做為主要象徵。概念和便利貼相近的，還有圖卡、心智圖軟體等可以隨意移動的小道具。電影等影像設計者在設計草稿的時候，就是像這樣將一小段一小段的資訊，不斷反覆組合，整合出不同劇情發展的分鏡圖。其實，我們也可以用這種方法來主持各種大大小小的會議，討論各種不同的議題，而不只是用在設計上。人類喜歡互動，讓大家可以直接「碰觸」到資訊，可以提升與會者的參與度。

---

[6] 節錄自《畫個圖講得更清楚》，大衛‧斯貝特 著，時報出版。

　　我把第三類工具稱為「構想圖學習法」，主要是運用隱含在圖表或工作表中的視覺隱喻，促使團體成員透過視覺來思考。我之所以對視覺會議這麼有信心，是因為打從我第一次拿起奇異筆，用視覺化的方式引導團體開會起，就感受到以下三個現象：

- 認真參與：當你將與會者所說的話，透過互動的方式以圖像記錄下來，與會者會感受到自己的意見受到傾聽和重視，對會議的投入程度也就會大大升高。
- 整體思考：如果能讓團體從整體的角度思考，去比較不同資訊、找出聚焦點，並把資訊彙整成構想圖，大家的頭腦會變得聰明許多。
- 團體記憶：創造令人印象深刻的媒介，能大幅提升團體記憶以及會議後的執行程度，這兩者都是團體效能的關鍵因素。

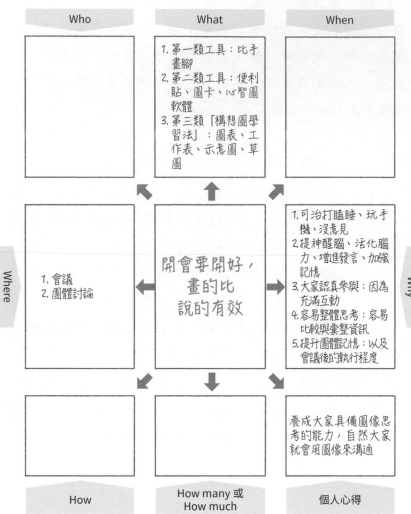

Who

What

1. 第一類工具：比手畫腳
2. 第二類工具：便利貼、圖卡、心智圖軟體
3. 第三類「構想圖學習法」：圖表、工作表、示意圖、草圖

When

Where

1. 會議
2. 團體討論

開會要開好，
畫的比
說的有效

Why

1. 可治打瞌睡、玩手機、沒意見
2. 提神醒腦、活化腦力、增進發言、加強記憶
3. 大家認真參與：因為充滿互動
4. 容易整體思考：容易比較與彙整資訊
5. 提升團體記憶：以及會議後的執行程度

養成大家具備圖像思考的能力，自然大家就會用圖像來溝通

How

How many 或
How much

個人心得

12

溝通表達

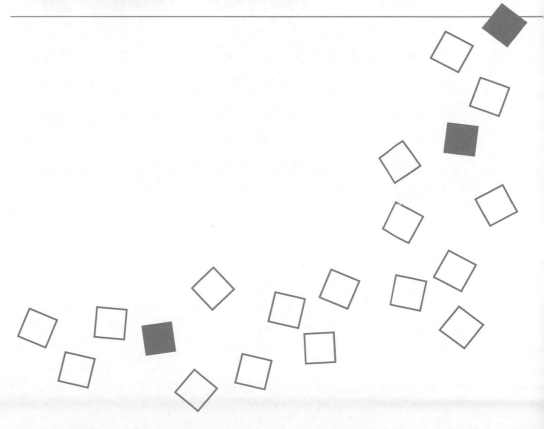

簡報、企劃的提綱

　　在數位工具這麼發達的時代，整理與歸納的能力是越來越重要了！我們吸收後的資訊會隨意分散在大腦各處，使用資料時必須要產生有意義的聯結，才能整合成知識。不管是書寫、演說、簡報、企劃，輸出我們的想法之前，務必先審慎整理出提綱。

　　職場上的商業簡報，跟學術簡報不一樣，流程、結構完全不同。

　　厲害的企劃書是頁數越少越好，這關係到內容的精練程度，讓對方知道自己具有消化、精簡資料並傳遞訊息的能力。要將內容整理在一張A4紙的範圍之內，就要取捨內容，並以最簡短的標題傳達訊息。

　　我建議使用9宮格或是81宮格的曼陀羅，來訓練我們精簡扼要、切中主題的能力，也更容易看出自己的內容偏重與偏廢之處。根據短期記憶寬度7±2的原則，8段內容已是極限，千萬不可以像寫作文一樣使用起承轉合的結構。

　　順時針方向的填寫順序，在正式報告時會比較方便閱讀。以下是建議格式：

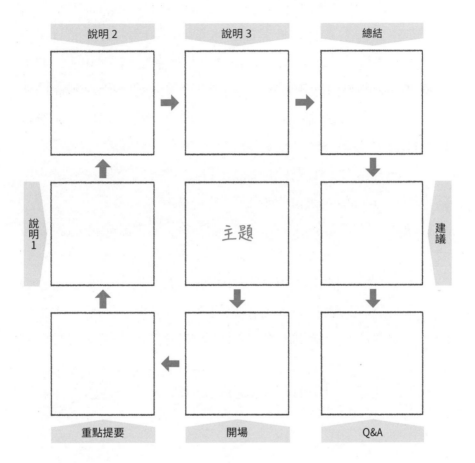

融合五感的聆聽

　　生活中太容易見到「有溝，沒有通」的情況了。1111人力銀行的職場競爭力調查發現，企業界多半認為20～30歲年輕人最需要加強的是口語表達能力。104人力銀行調查中，外商則多數認為20～30歲剛畢業的年輕人，最需要加強表達能力與邏輯思考能力。

　　好的表達力，不光只是輸出內容，還要同時運用**五感**，讓對方感受到非語言表達的效果。

　　缺乏聆聽能力的人，自然也無法從生活中學會好的表達方式。

　　常常台上老師口沫橫飛，台下學生卻抓不到老師要講的重點，這是聽的人缺少聆聽能力的關係。聆聽能力不是一蹴可幾的，一邊聆聽、一邊動手寫下訊息，能讓你更快建立全面性的聆聽能力。

　　平時就可以利用看電視節目來練習聆聽，一邊看、一邊填寫6宮格。

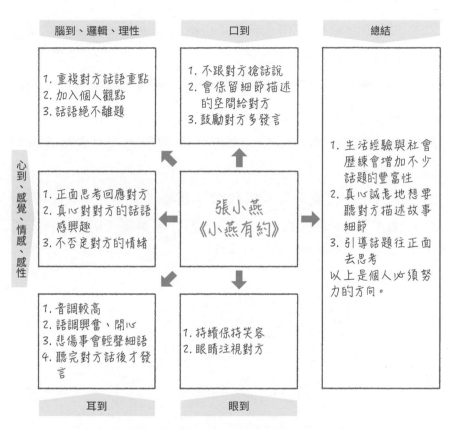

腦到、邏輯、理性

1. 重複對方話語重點
2. 加入個人觀點
3. 話語絕不離題

口到

1. 不跟對方搶話說
2. 會保留細節描述的空間給對方
3. 鼓勵對方多發言

總結

1. 生活經驗與社會歷練會增加不少話題的豐富性
2. 真心誠意地想要聽對方描述故事細節
3. 引導話題往正面去思考
以上是個人必須努力的方向。

心到、感覺、情感、感性

1. 正面思考回應對方
2. 真心對對方的話語感興趣
3. 不否定對方的情緒

張小燕
《小燕有約》

1. 音調較高
2. 語調興奮、開心
3. 悲傷事會輕聲細語
4. 聽完對方話後才發言

耳到

1. 持續保持笑容
2. 眼睛注視對方

眼到

▲分析主持人特點的步驟是「虛轉實」，寫出總結的步驟是「實轉實」。

融合三角劇本

一個人講話內容非常有料，但聽的人覺得很無聊，紛紛開始打瞌睡了，你覺得這樣好嗎？

另一個人講了一堆的笑話跟故事，雖然內容沒有料，但他讓大家聽得很開心。結束後大家努力回想，只記得很開心，但是剛剛聽到了什麼，一點印象都沒有留下來，你覺得這樣好嗎？

認為「怎麼說」比「說什麼」還重要，其實是落伍的觀念。其實「說什麼」跟「怎麼說」都一樣重要。應該是以「說什麼」為核心，先做好核心，再包裝上一層「怎麼說」。

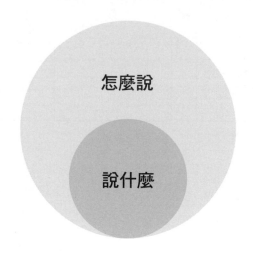

懂得「說什麼」，很多人誤以為就是要「會表達」。舉例來說，有些人覺得媽媽很囉唆很嘮叨，這時的媽媽很會表達，但是跟孩子之間是「有溝，沒有通」。所以其實會表達 ≠ 會溝通，話說得多可以，但是廢話太多就不行。

口語表達有三個部分要注意：**主張要明確、理由要明確、邏輯性。**可以運用三角劇本法（三分法）來進行，依序是：想說的事→主要內容訊息→理由與依據。

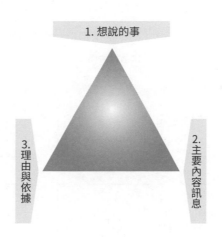

1. **想說的事**：別講太多的背景介紹，最好是一句話就講完。請把自己當成是新聞記者，以下標題的方式，直接在一句話內把結論說完。
2. **主要內容訊息**：要將焦點放在自己的論點上，「三原則」要永存心中。人的記憶力有限，最多3點就要把訊息講完，也就是要盡量濃縮你的內容在3個要點之內。每一項要點的內容要濃縮成20個字左右，也就是5秒鐘說完。
3. **理由與依據**：要理性、要客觀，具體數據優於模糊情境。當然，也是以符合三原則為佳。

最後，要幫對方做個小小的總結，幫對方摘要重點，對方就會更容易記得你講了什麼。

以下用順時針的9宮格結合三角劇本法先進行構思，可以讓我們口語表達時更加萬無一失喔！

範例(1)

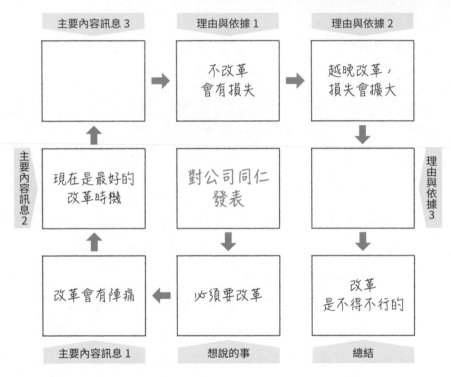

▲寫出支持論述的理由與依據是「實轉實」的運用，下一頁的範例(2)也是。

改革是企業建立百年基業時必然會走的一條路。我們會有一段時間必須面對改革的陣痛，但現在是改革的最好時間，如果我們現在不改革的話，未來一定會蒙受更大的損失，越晚改革所付出的損失會更大，所以改革是我們不得不行的。

範例(2)

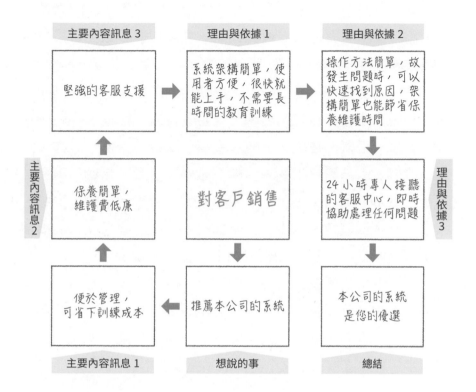

本公司向貴公司推薦這套系統的原因一共有三點：第一，系統本身管理起來很方便，因為整體的架構簡單，不需要很長時間的教育訓練，讓使用者很方便簡單地就能上手。第二，保養方法很簡單，可以幫您省下維護費用，例如操作時若發生問題，因為架構簡單，維護人員可以很快地找到原因，省下維護的時間成本。第三，我們有二十四小時專人接聽的客服中心，可以提供您堅強的後備支援。由於以上三點，我向您推薦選用本公司的這套系統。

掌握本質，通達事理

文字有侷限性，並且常常造成誤解。文字與語言的溝通過程，需要輸出者與輸入者彼此之間的理解程度一致，否則很容易造成誤解。

中國人喜歡用各種不同的文學性語詞來描述月亮，例如太陰、素魄、冰魄、桂魄、瑤魄、桂月、桂宮、桂輪、桂殿、玉桂、廣寒、玉盤、寶鏡、玉鏡、金鏡、寒鏡、玉盤、金盤、銀盤、冰盤、水晶盤、玉輪、金輪、銀輪、冰輪、霜輪、玉兔、圓兔、金兔、蟾兔、狡兔、妖蟆、玉蟾、霜蟾、金蟾、素蟾、冰蟾、嫦娥、姮娥、素娥，大家講的都是同一個月亮，名稱卻多達41個，而西方人對月亮只有1個名稱——moon。

因為中文是強調用字優美的語言，但有時候以訛傳訛或是不小心誤用，反而讓我們講不清楚本義為何。所以有時我們要探究文字的本義，透過英文同義字，或是更嚴謹的德文、法文同義字，會比直接看中文字詞更能掌握事理本質。

問題(1)：聰明與智慧的大同小異之處？

step1 在9宮格的中央主題處，寫上中文字詞「聰明」。

step2 查詢中英字典，將「聰明」的所有英文同義字詞全部寫下來。

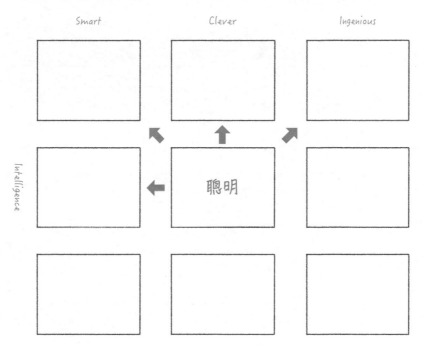

▲「虛轉虛」的運用。

step3 在中英字典中，一一查詢每個英文單字，寫下它們的中文
解說。

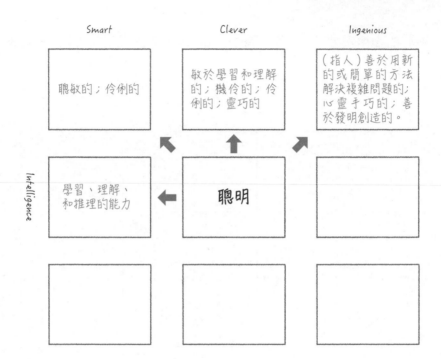

step4 在右下角處，寫下你對上述解說的綜合性理解的結論。

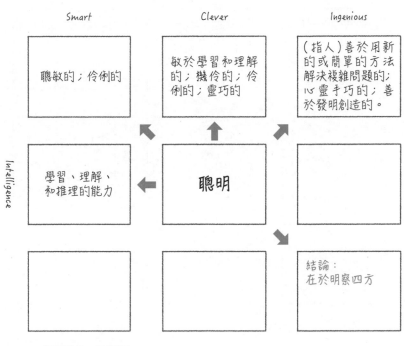

▲「實轉虛」的運用。

重複上述的步驟，將「智慧」分析一次。

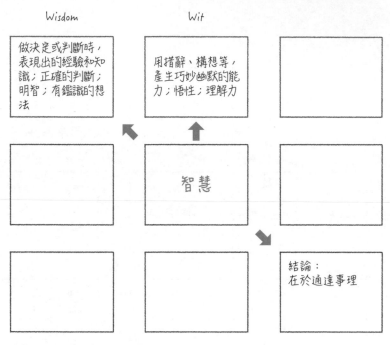

Wisdom
做決定或判斷時，表現出的經驗和知識；正確的判斷；明智；有鑑識的想法

Wit
用措辭、構想等，產生巧妙幽默的能力；悟性；理解力

智慧

結論：
在於通達事理

▲虛轉虛→虛轉實→實轉虛。

問題(2)：思考、思索、思慮、思想、思緒的 大同小異之處？

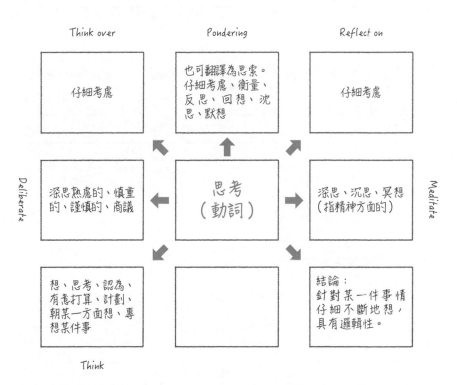

Think over   Pondering   Reflect on

| 仔細考慮 | 也可翻譯為思索。仔細考慮、衡量、反思、回想、沈思、默想 | 仔細考慮 |

Deliberate / Meditate

| 深思熟慮的、慎重的、謹慎的、商議 | 思考（動詞） | 深思、沉思、冥想（指精神方面的） |

| 想、思考、認為、有意打算、計劃、朝某一方面想、專想某件事 | | 結論：針對某一件事情仔細不斷地想，具有邏輯性。 |

Think

▲虛轉虛→虛轉實→實轉虛。222頁～223頁的4個曼陀羅，也是同樣的運用模式。

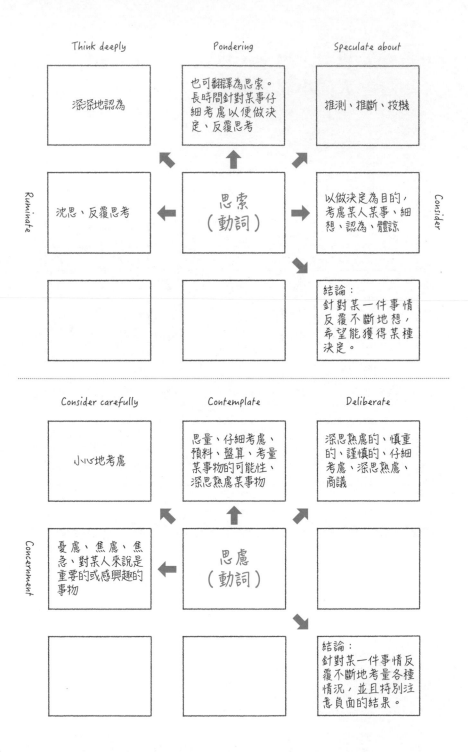

Think deeply

深深地認為

Pondering

也可翻譯為思索。
長時間針對某事仔
細考慮以便做決
定、反覆思考

Speculate about

推測、推斷、投機

Ruminate

沈思、反覆思考

思索
（動詞）

以做決定為目的，
考慮某人某事、細
想、認為、體諒

Consider

結論：
針對某一件事情
反覆不斷地想，
希望能獲得某種
決定。

Consider carefully

小心地考慮

Contemplate

思量、仔細考慮、
預料、盤算、考量
某事物的可能性、
深思熟慮某事物

Deliberate

深思熟慮的、慎重
的、謹慎的、仔細
考慮、深思熟慮、
商議

Concernment

憂慮、焦慮、焦
急、對某人來說是
重要的或感興趣的
事物

思慮
（動詞）

結論：
針對某一件事情反
覆不斷地考量各種
情況，並且特別注
意負面的結果。

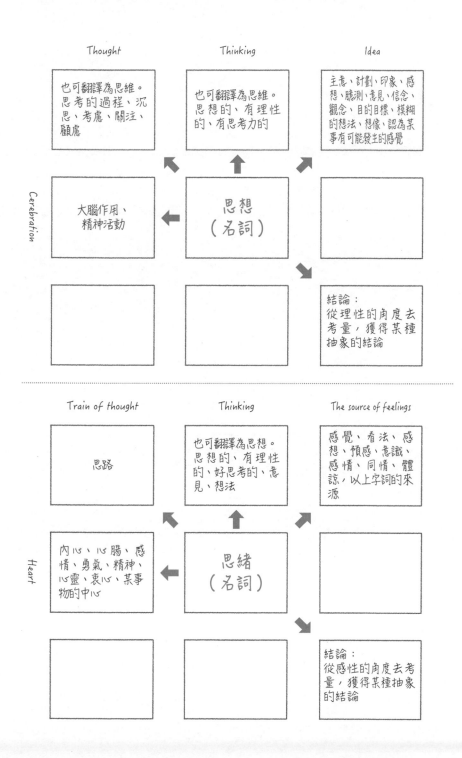

Thought

也可翻譯為思維。
思考的過程、沉
思、考慮、關注、
顧慮

Thinking

也可翻譯為思維。
思想的、有理性
的、有思考力的

Idea

主意、計劃、印象、感
想、臆測、意見、信念、
觀念、目的目標、模糊
的想法、想像、認為某
事有可能發生的感覺

Cerebration

大腦作用、
精神活動

思想
（名詞）

結論：
從理性的角度去
考量，獲得某種
抽象的結論

Train of thought

思路

Thinking

也可翻譯為思想。
思想的、有理性
的、好思考的、意
見、想法

The source of feelings

感覺、看法、感
想、預感、意識、
感情、同情、體
諒，以上字詞的來
源

Heart

內心、心腸、感
情、勇氣、精神、
心靈、衷心、某事
物的中心

思緒
（名詞）

結論：
從感性的角度去考
量，獲得某種抽象
的結論

13

更多的曼陀羅範例

《慢一步快樂法則》的主要概念。

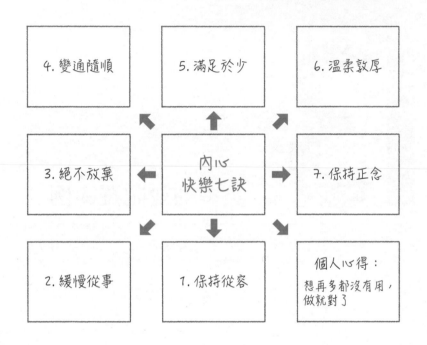

---

❶ 《慢一步快樂法則：開發內心力量的烏龜七訣》，艾柳薩‧史瓦茲、隆納德‧
史威普 合著，久周出版。

13-2

《與青春有約》的主要概念❷

4. 雙贏思維 培養大家都能獲益的態度	5. 知彼解己 誠懇傾聽別人說話	6. 統合綜效 跟別人一起努力，完成更大成果
3. 要事第一 設定優先順序，先做最重要的事	與青春有約	7. 不斷更新 定期讓自己日新又新
2. 以終為始 界定你生活中的任務與目標	1. 主動積極 為你的生活負責	個人心得： 愈早思考人生要怎麼走，才能愈早達到目標

　　因為這是寫給自己看的曼陀羅閱讀筆記，所以放射狀的箭頭可以取消不畫，自己也不會弄錯的。

---

❷ 《與青春有約：柯維給年輕人的生活藍圖》，西恩・柯維 著，天下文化出版。

單身者的保險規劃

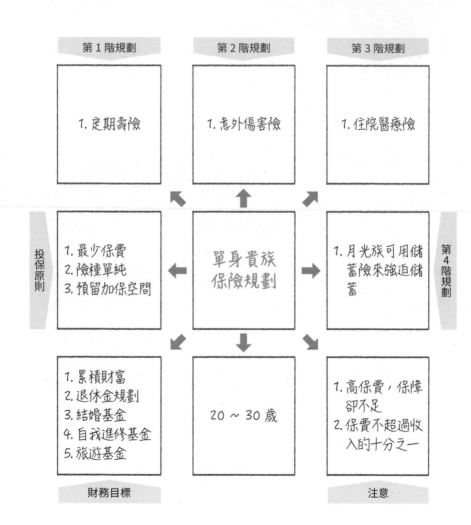

第 1 階規劃	第 2 階規劃	第 3 階規劃
1. 定期壽險	1. 意外傷害險	1. 住院醫療險

投保原則		第 4 階規劃
1. 最少保費 2. 險種單純 3. 預留加保空間	單身貴族 保險規劃	1. 月光族可用儲蓄險來強迫儲蓄

財務目標		注意
1. 累積財富 2. 退休金規劃 3. 結婚基金 4. 自我進修基金 5. 旅遊基金	20 ～ 30 歲	1. 高保費,保障卻不足 2. 保費不超過收入的十分之一

13-4
新婚者的保險規劃

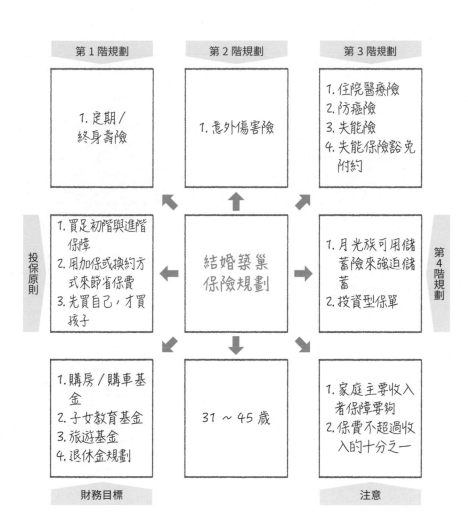

第 1 階規劃

1. 定期 /
終身壽險

第 2 階規劃

1. 意外傷害險

第 3 階規劃

1. 住院醫療險
2. 防癌險
3. 失能險
4. 失能保險豁免
附約

投保原則

1. 買足初階與進階
保障
2. 用加保或換約方
式來節省保費
3. 先買自己，才買
孩子

結婚築巢
保險規劃

1. 月光族可用儲
蓄險來強迫儲
蓄
2. 投資型保單

第 4 階規劃

1. 購房 / 購車基
金
2. 子女教育基金
3. 旅遊基金
4. 退休金規劃

31 ~ 45 歲

1. 家庭主要收入
者保障要夠
2. 保費不超過收
入的十分之一

財務目標

注意

為人父母的保險規劃

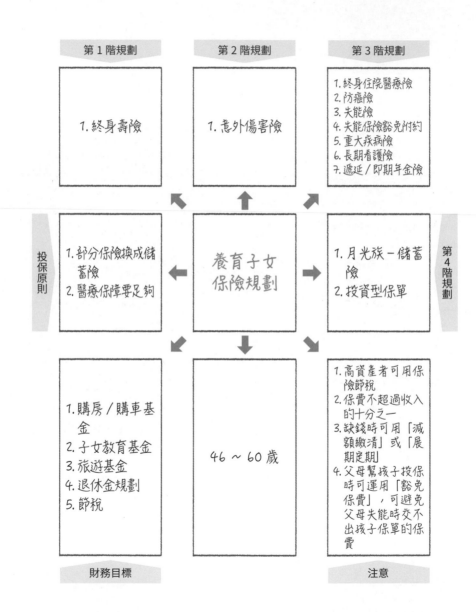

第1階規劃

1. 終身壽險

第2階規劃

1. 意外傷害險

第3階規劃

1. 終身住院醫療險
2. 防癌險
3. 失能險
4. 失能保險豁免付約
5. 重大疾病險
6. 長期看護險
7. 遞延/即期年金險

投保原則

1. 部分保險換成儲蓄險
2. 醫療保障要足夠

養育子女保險規劃

1. 月光族－儲蓄險
2. 投資型保單

第4階規劃

1. 購房/購車基金
2. 子女教育基金
3. 旅遊基金
4. 退休金規劃
5. 節稅

46～60歲

1. 高資產者可用保險節稅
2. 保費不超過收入的十分之一
3. 缺錢時可用「減額繳清」或「展期定期」
4. 父母幫孩子投保時可運用「豁免保費」，可避免父母失能時交不出孩子保單的保費

財務目標

注意

13-6
退休者的保險規劃

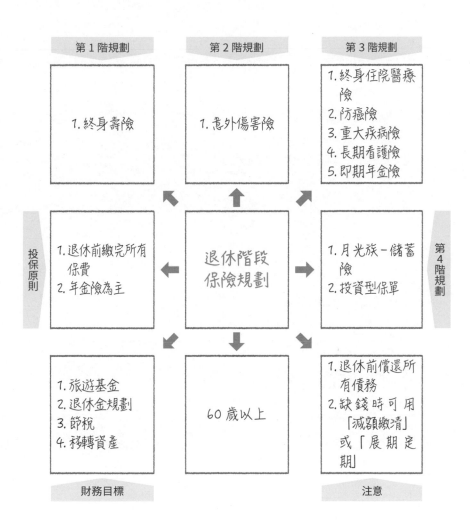

14

曼陀羅的彩繪與應用軟體

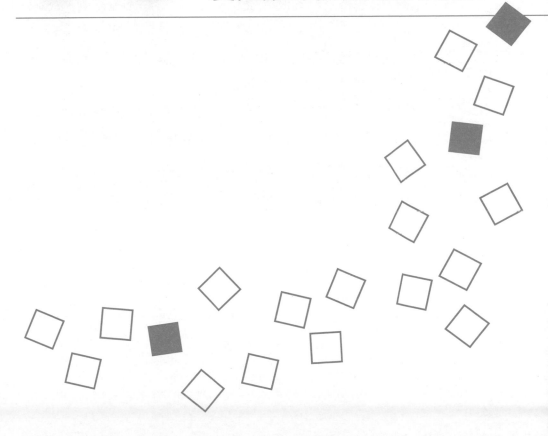

14-1
療癒心靈的曼陀羅彩繪

　　曼陀羅彩繪屬於心理學中的藝術治療層面，我是一個腦力訓練教練，並非這方面的專家，因此不方便隨意發表意見，避免誤導。建議想深入了解的人，務必洽詢具有心理諮商師執照的藝術治療人員專業意見。

　　想嘗試曼陀羅藝術治療的人，別忘了要先親自確認對方是否擁有心理治療或是心理諮商的執照。收費標準從每小時600元到5000元之間都有，前往醫療機構可以享有健保給付，其餘機構就必須全額自付。

　　瑞士心理學家容格對曼陀羅很有興趣，主要關心二個焦點：1.來自於容格自己的個人體驗；2.來自容格治療精神病患時所獲得的想法。容格對於曼陀羅的結論是：可以調和處於對立狀態下的熾烈糾葛，可以再度整合已經瓦解的秩序，或許是讓精神病患與世界達成和解的最有力手段。

　　曼陀羅為觀察宇宙大自然而來，藉由繪製大自然中具有圓形與放射型狀特質的物體，在繪製過程中達到安定身心的效果。透過選色、填上色彩與色塊比例進一步解析內心的想法。

　　運用彩繪曼陀羅進行心靈療癒，屬於一種藝術治療。日本的正木晃教授以曼陀羅繪畫的方式，研發出一系列幾何式的曼陀羅圖形，在《曼陀羅心靈彩繪》❶ 一書中也列出多款設計稿，提供給讀者自行影印彩繪使用。另外亦可參考瑪莎‧巴特菲德所著的《神奇的曼陀羅：心靈舒壓彩繪書》❷ 一書。

　　藝術治療的表達，常運用心象來做思考。此種心象思考，屬於直覺式的思考方式，往往能透露潛意識的內容。在日本與西方，皆把曼陀羅繪畫用於精神病患與一般民眾，讓曼陀羅成為一種探求身心狀態與內心世界的一種工具。

---

❶ 《曼陀羅心靈彩繪》，正木晃 著，非馬出版。

❷ 《神奇的曼陀羅：心靈舒壓彩繪書》，瑪莎‧巴特菲德 著，華泰文化出版。

14-2
曼陀羅思考的應用軟體

　　英國劍橋附近的桑格研究所研究小組證實：「神經突觸決定大腦的聰明與否，突觸是大腦中最重要的工作部分。」大腦需要**思考**引發刺激，才會形成神經突觸，對大腦的刺激愈多，神經突觸愈緊密。

　　英國每日郵報在2011年1月16日發表一篇美國研究，指出民眾使用電子書閱讀器，反而較不容易吸收所閱讀的內容，因為這些資訊以清晰易讀的簡潔格式呈現，反而鼓勵大腦偷懶，較難記住資訊。這和「字體的易讀性可讓閱讀者更容易學習和記憶」的傳統認知截然不同。這篇研究的結論是「提高資料學習難度，可增進長程學習和記憶力，較多的認知參與活動會引導邁向更深層的過程」，讓讀者能更正確記住資訊。

　　用電腦軟體來繪製曼陀羅只是求一個存檔跟傳送方便，對大腦的刺激與幫助遠遠不如親自用手繪製。我個人是習慣直接用Excel或是Word的表格功能來製作曼陀羅。

　　日本顧問大師今泉浩晃自己開發的曼陀羅軟體MandalArt，可以在App Store上購買。使用Android系統的人，則可以在Google Play上買到Mandalart Chart。

加入晨星

即享『50元 購書優惠券』

—— 回函範例 ——

您的姓名：　　　　晨小星

您購買的書是：　　　貓戰士

性別：　●男　○女　○其他

生日：　　1990/1/25

E-Mail：　ilovebooks@morning.com.tw

電話／手機：　09××-×××-×××

聯絡地址：　台中　市　西屯　區

工業區30路1號

您喜歡：●文學/小說　●社科/史哲　●設計/生活雜藝　○財經/商管

（可複選）●心理/勵志　○宗教/命理　○科普　　○自然　●寵物

心得分享：　我非常欣賞主角…

本書帶給我的…

"誠摯期待與您在下一本書相遇，讓我們一起在閱讀中尋找樂趣吧！"

國家圖書館出版品預行編目（CIP）資料

曼陀羅九宮格思考法／胡雅茹著. -- 三版. -- 臺中市：
晨星出版有限公司, 2022.01
240面；16.5×22.5公分. --（Guide book；378）
ISBN　978-626-320-045-6（平裝）

1.思考　2.健腦法　3.學習方法

176.4　　　　　　　　　　　　　　　110020488

Guide Book 378

曼陀羅九宮格思考法
訓練思考力、加強腦力的最強學習工具

作者	胡雅茹
編輯	余順琪
封面設計	耶麗米工作室
版面設計	陳佩幸
內頁排版	林姿秀

創辦人	陳銘民
發行所	晨星出版有限公司
	407台中市西屯區工業30路1號1樓
	TEL：04-23595820　FAX：04-23550581
	E-mail：service-taipei@morningstar.com.tw
	http://star.morningstar.com.tw
	行政院新聞局局版台業字第2500號
法律顧問	陳思成律師
三版	西元2022年01月01日

讀者服務專線	TEL：02-23672044／04-23595819#230
讀者傳真專線	FAX：02-23635741／04-23595493
讀者專用信箱	service@morningstar.com.tw
網路書店	http://www.morningstar.com.tw
郵政劃撥	15060393（知己圖書股份有限公司）

印刷	上好印刷股份有限公司

定價 380 元
（如書籍有缺頁或破損，請寄回更換）
ISBN： 978-626-320-045-6

本書改版自《九宮格思考法》，
由作者親自刪修文字、調整架構，
圖片、內文、標題皆重新整理，展現全新風貌。

Published by Morning Star Publishing Inc.
Printed in Taiwan
All rights reserved.
版權所有・翻印必究

| 最新、最快、最實用的第一手資訊都在這裡 |